KB265472

ARCS를 적용한
e-Learning 교육시스템

ARCS를 적용한 e-Learning 교육시스템

| 백현기 지음

E-Learning Educational System using ARCS Model

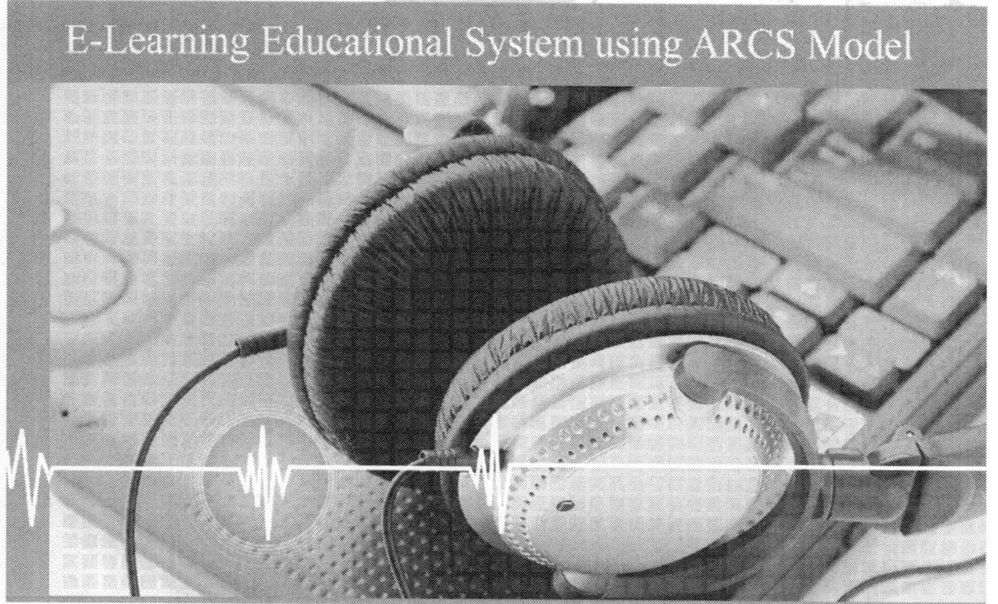

한국학술정보(주)

먼저 이렇게 부족하지만 열심히 하고자 했었던 저와 항상 함께 계시며 모든 일을 예비하여 주신 하나님께 무한한 영광과 감사를 드립니다.

지식 정보화 시대의 사회적 변화와 발맞추어 정보 통신의 발전은 새로운 교육 패러다임의 전환을 요구하고 하고 있다. 과거처럼 학교 내에서 지식의 수동적인 전수자로서 기계적이고 단순한 암기를 통한 교육을 요구하는 것이 아니라, 학교의 울타리를 넘어서 지식의 능동적인 구성자로서 실세계의 복잡하고 다양한 문제를 해결할 수 있는 교육을 요구하고 있다. 이러한 변화 속에서는 정보와 아이디어를 소유하기보다는 서로 공유함으로써 개인적 관점에서 벗어나 다른 사람의 다양한 시각을 접할 수 있는 교육 환경이 절실히 요구된다.

e-Learning을 기반으로 하는 교육은 특정한 시간과 일정한 장소에 있지 않아도 원하는 시간에 편리한 장소에서 학습을 할 수 있도록 해주어 실질적인 교육의 기회를 보장받을 수 있게 한다는 것 이외에도 다양한 경험과 문제 상황을 가지고 있는 청소년들에게 e-Learning 환경에서 제공하는 상호작용 시스템을 이용하여 동료학습자들과 시공간을 초월하여 활발한 지식 교류와 대화를 가능하게 해줌으로써, 실제 사회에서 경험한 문제상황을 더욱 효과적으로 해결할 수 있도록 해준다는 장점을 가지고 있다.

그러나 e-Learning 환경에서의 교육이 이처럼 다양한 교육적 유용성을 갖고 있다 할지라도 효율적인 설계, 개발, 운영이 이뤄지지 않는다면 교육적 효과를 거두기는 어렵다. 따라서, e-Learning기반 자체가 갖고 있는 교육적 유용성을 최대한 활용하여 교육 효과를 증진시킬 수 있는 방안이 필요하다.

이에 본서에서는 ARCS e-Learning 교육시스템 과정에서 학습자들의 학습 성과에 영향을 줄 수 있는 주의력 요인, 관련성 요인, 자신감 요인, 만족감 요인과 같은 독립변인들이 학습참여도, 학습만족도, 학업성취도에 미치는 영향력을 분석하였다. 다음으로 주의력 요인, 관련성 요인, 자신감 요인, 만족감 요인과 학습참여도 간에 자기조절효능감과 컴퓨터 자기효능감이라는 조절변인을 도입하여 그 관계를 살펴봄으로써 자기조절효능감과 컴퓨터 자기효능감이 학습참여도를 높일 수 있는 조절변인으로서의 역할을 수행할 수 있는지의 가능성을 살펴보았다.

이 글은 e-Learning 환경에서 교육이 성공을 거두기 위한 다양한 지원전략을 선행연구와 함께 실증적 연구를 통해 해결하고자 노력하였다. 그런 의미에서 본서는 6개장으로 나누어 구성하였다. 1장과 2장에서는 서론과 선행연구를 통한 이론적 배경을 기술하였으며, 3장과 4장, 5장에서는 실증적으로 입증하였다. 마지막으로 6장에서는 이 연구를 종합 정리하였다.

본 교재가 e-Learning 환경에서의 교육에 관련된 영역을 공부하는 분들에게 도움이 되길 바라는 마음 간절하며, 여러 가지로 미숙하고 부족한 부분은 아낌없는 질책을 바란다.

"그는 시냇가에 심은 나무가 철을 따라 열매를 맺으며 그 잎사귀가 마르지 아니함 같으니 그가 하는 모든 일이 다 형통하리로다(시편 1:3)"라는 성경 말씀을 상기하면서, 이 책이 나오기까지 격려와 관심을 가져주신 분들께 지면을 통해서 다시 한 번 감사드린다. 늘 변함없는 마음으로 위로와 격려를 보내준 아내와 두 딸들, 그리고 어려운 여건에서도 기꺼이 출판을 제안해준 한국학술정보(주) 출판사업부에 깊은 감사를 전한다.

차 례

I. 서 론

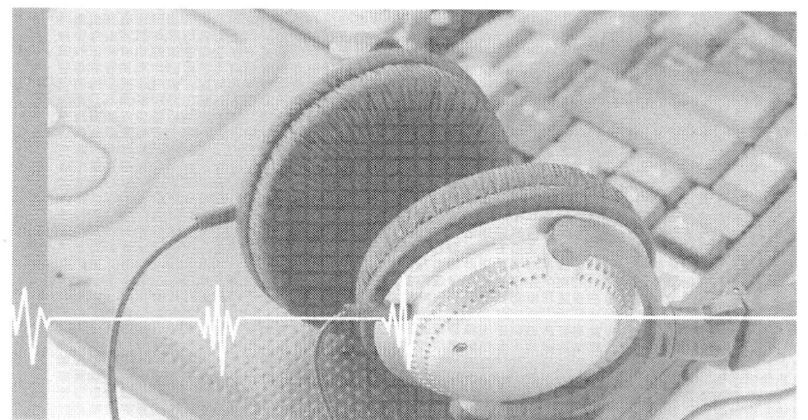

A. 연구의 필요성 및 목적

최근 학교 교육현장에서는 e-Learning을 활용한 교수-학습 방법이 다양하고 새로운 측면에서 접근되고 있다. 그중의 하나가 활동적이고 실제적인 교육에 있어 매개체적인 역할을 하는 e-Learning 연결의 시도이다. 이러한 시도는 그동안 시·공간적 제한으로 인하여 학습자들의 적극적인 참여를 이끌어 내는 데 제약이 따르는 면대면 학습의 단점과 인터넷을 통한 단순한 자료 제시나 게시판 정도의 낮은 단계의 활용에 머물고 있는 웹 활용의 단점을 극복하기 위한 방법이라고 볼 수 있다. 이러한 맥락에서 제기된 문제들을 해결해 나가는 데 적절히 사용할 수 있는 실천적인 대안으로서 e-Learning을 활용한 교육의 가능성과 효과성을 탐색해 볼 필요가 있다.

앞으로 정보통신 인프라는 국가적인 육성정책에 의해서 더욱더 급속하게 확산되고 발전할 것이다. 정보통신부는 2004년에 차세대 정보통신기술개발을 선도 지원하기 위해 IT839 정책을 제안한 바 있다(정보통신부, 2005). 그 내용은 광역무선통신(Wibro), 디지털멀티미디어방송(DMB), 홈네트워크 서비스, 텔레매틱스, 주파수 기반 인식(RFID), 광대역 코드분할다중접속(W-CDMA), 지상파 DTV, 인터넷전화(VoIP)의 8개 신기술 서비스와 광대역통합망(BcN), U-센서 네트워크(USN), 차세대인터넷프로토콜(IPv6)의 3대 첨단 인프라, 그리고 차세대이동통신기기, 디지털 방송기기, 홈네트워크기기, IT SoC, 차세대 PC, 임베디드 소프트웨어, 디지털 콘텐츠와 소프트웨어 솔루션, 텔레매틱스기기, 지능형 로봇이라는 9가지 성장 동력 기술에 국가적 투자집중으로 발전을 촉진한다는 계획이다.

이와 같은 이유에서 우리나라의 e-Learning 환경의 요소들은 빠르게 발전되어 가고 있지만, 아직까지 학습용 디지털 콘텐츠는 발전해야 할 여지가 많이 있다(권택민, 2005). 권택민(2005)은 e-Learning 초기 기술로 개발된 콘텐츠들의 난립과 더불어 e-Learning이 학습효과가 없다는 학습자들의 경험 때문에 학습자들은 e-Learning에 대해 부정적인 시각을 갖게 되었다고 지적한다. 그럼에도 불구하고, 많은 e-Learning 콘텐츠들은 아직도 교수중심으로 구성되어 있다(유인출, 2001). 더군다나 이론적으로는 학습자중심의 구성주의를 표방하면서도 그 구현에 있어서는 전통적 교수주의에 경도되는, 일명 왜곡된 구성주의(Petraglia, 1998)가 많다. 따라서 학습자중심의 구성주의에 걸맞은 e-Learning 교육시스템을 구현하여 적용해 볼 필요가 있다(Land & Hannafin, 2000).

그러므로 e-Learning 교육이 제대로 이루어지기 위해서는 반드시 파악해야 할 중요한 요소들이 있다. 즉 e-Learning 강의가 매우 효과적이고 매력적인 방법이 되기 위해서는 무엇보다 학생 자신의 학습참여도가 높아야 한다. 대학생은 초·중등 학생보다 자기의식이 강해 교수 변인의 역할이 상대적으로 적을 수밖에 없으며 학생의 학습태도 및 학습양식의 수정이 교수에 의해 큰 폭의 변화를 기대하기도 쉽지 않다. 이는 기초학력이 부족하고 학습참여도가 낮은 대학생의 수업활동에 있어 교수가 선택할 수 있는 수업전략에는 한계가 있기 때문이다. 따라서 기초학력과 학습전략이 부족하고 학습참여도가 결여되어 있는 대학생의 수업집단을 어떻게 하면 성공적인 교수-학습 활동이 되게 하여 수업목표에 효과적으로 달성할 수 있는가에 대한 문제는 교육활동을 직접적으로 담당하고 있는 대학과 교수들의 큰 관심사가 아닐 수 없다.

e-Learning 교육의 학습성과에 관련된 요인을 탐색한 선행연구를 보면 학습자의 특성을 가장 많이 다루고 있다(나일주·한안나, 2002). 특히 e-Learning 교육이 학습자의 자율적이고 독립적인 학습 노력에 의하여 일어나기 때문에 기존의 면대면 교육보다 학습자의 자기 조절학습 능력이나 통제하는 능력이 더 많이 요구된다. 이는 학습자가 얼마나 자기 관리적인 학습을 했는지에 따라 학습 성과가 달라진다고 보고 있기 때문이다. 이와 더불어, 상호작용 설계 및 정도를 요인으로 탐색한 선행 연구들(Gay, 1997; Sherry, 1996; 왕경수, 2003)과 동기 유발 및 지속 전략을 학습성과와 관련된 요인으로 탐색한 연구들(Martin, 1994; Visser, 1998)은 웹기반 환경에서의 학습 만족과 성취도를 높이는 데 교수설계 측면이 매우 중요한 역할을 한다고 강조하고 있다. 또 다른 선행연구(Peters, 1992)에서는 학습자의 수강 환경이나 심리적·기술적 문제해결 지원 환경이 학습 성과 증진에 중요한 영향을 미치는 것으로 보고되었다. 한편, e-Learning 교육의 효과를 높이기 위해 학습자들의 학습 활동을 지속적으로 관리·운영하는 온라인 촉진자나 운영자의 역할과 중요성이 강조되고 있으며, 운영자의 역할이나 수행정도가 학습 참여와 성취정도와 밀접한 관련이 있다고 보도되었다(Freeman, 1997; Moore & Kearsley, 1996).

위에서 살펴본 e-Learning 교육의 학습 성과 관련 요인을 탐색한 선행 연구들을 종합해보면, 학습자의 배경이나 특성 관련 요인군, 교수 설계 관련 요인군, 지원 환경 요인군, 운영자나 교수자 역할 관련 요인군으로 정리할 수 있다. 이러한 요인군들에는 각각의 하위요인들이 포함되는데, 기존의 대부분 연구들은 개인적인 관심에 의해 몇 가지 요인을 설정하여 연구가 이루어졌을 뿐, 웹기반 교육성과나 효과와 관련된 요인들을 모두 포괄한 종합적인 연구가 실시된 경우는 없었다. 따라서 시범운영기간을 거쳐 본격적인 원격 교육이 실시되고 있는 현시점에서, 기존의 연구들이 다뤄왔던 e-Learning 교육의 학습 성과 관련 요인군들을 종합적으로 고찰하여 요인군들 간의 상대적 영향력과 설명력, 가장 강력한 영향력을 가진 요인군이 무엇인지 등을 탐색해 보는 것은 앞으로 더욱 활성화될 국내 e-Learning 교육의 교육적 효과를 높이는 데 기여하게 될 것이다.

또한 변화하는 N세대 학습자에게 실제적이고 실질적인 e-Learning과 학습용 디지털 콘텐츠는 여전히 부족하다. 그러나 기존 연구들은 음성, 소리 애니메이션이 일상화되고 있는 시대적인 흐름에도 불구하고 디지털 콘텐츠 개발방법론에 대한 추상적인 지침 내지는 시각화 전략에만 초점이 맞추어져 있다(이옥화·강신천·주종혁, 2005).

따라서 매체 및 멀티미디어 요소에 비해 이를 활용할 수 있는 가이드라인의 부재는 고비용 저품질의 학습콘텐츠를 양산하는 결과를 가져온다. 이러한 변화를 담아낼 수 있는 디지털 콘텐츠 개발 가이드라인이 절실히 요구된다. 그리고 학습용 디지털 콘텐츠에서 시각화 및 네비게이션, 소리, 음성, 정서, 아바타, 애니메이션의 사용은 풍부해졌지만, 시각화 및 네비게이션을 제외하고는 가이드라인이 부재하다. 특히 청각 매체(소리, 음성), 정서적 매체 등에 대한 가이드라인을 제시할 필요가 있다.

이와 같은 연구의 필요성에 따라 본 연구의 목적을 요약 정리하면 다음과 같다.

본 연구의 목적은 효율적인 e-Learning 교육시스템이 무엇인지를 파악하기 위해 대학생의 e-Learning 수업활동에 Keller(1999)의 ARCS 모델을 기반으로 한 e-Learning 설계모형을 적용한다. 한 학기 동안 적용한 다음 e-Learning 교육시스템 학습자의 학습동기와 관련 있는 모든 요인군들을 포괄하여 이들의 상대적 영향력과 설명력을 분석하고, 학습참여도에 직접적인 영향을 미치는 강력한 요인이 무엇인지 밝혀내는 데 목적이 있다. 또한, 각 요인들과 학습 참여도, 학습만족도, 학업성취도 변인과의 종합적인 경로 모형을 설정하여 간접적인 영향력까지 분석해보고자 한다.

아울러 자기주도 학습에서 중시하는 학습자의 자기조절효능감과 컴퓨터 자기효능감을 학습참여도에 영향을 미치는 요인들의 조절변인으로 구성한다. 즉 자기조절효능감과 컴퓨터 자기효능감이 높은 집단과 낮은 집단의 두 집단으로 분류하여 각각 집단별 차이를 분석하고자 한다.

B. 연구문제

본 연구에서는 효율적인 e-Learning 교육시스템의 학습 참여도에 영향을 미치는 독립변인과 조절변인을 파악하고 학습자의 학습 참여도, 학습 만족도, 학업 성취도에 영향을 미치는 주의력 요인, 관련성 요인, 자신감 요인, 만족감 요인들의 영향력을 분석하기 위해 다음과 같이 구체적인 연구문제를 설정하였다.

1. ARCS e-Learning 교육시스템에 영향을 주는 요인군(주의력 요인, 관련성 요인, 자신감 요인, 만족감 요인)과 학습참여도의 관계는 어떠한가?

2. ARCS e-Learning 교육시스템에서 학습참여도와 학업성취도 및 학습만족도의 관계는 어떠한가?

3. ARCS e-Learning 교육시스템에서 학습참여도와 조절변인(자기조절효능감, 컴퓨터 자기효능감)의 관계는 어떠한가?

4. ARCS e-Learning 교육시스템의 독립변인들이 학습참여도에 영향을 미침으로써 e-Learning 교육시스템의 학습만족도와 학업성취도에 영향을 미치는 경로는 어떠한가?

4-1. ARCS e-Learning 교육시스템의 독립변인들이 학습참여도에 영향을 미침으로써 e-Learning 교육시스템 학습만족도와 학업성취도에 간접적 영향을 미치는 경로는 어떠한가?

4-2. ARCS e-Learning 교육시스템의 독립변인들이 학습참여도에 영향을 미치지 않고, e-Learning 교육시스템 학습만족도와 학업성취도에 직접적 영향을 미치는 경로는 어떠한가?

C. 용어의 해설

1. e-Learning 교육시스템

e-Learning이란, 정보를 전달하거나, 학습자의 기술 혹은 지식의

습득을 촉진하기 위해 부분 혹은 전체적으로 전자적인 테크놀로지를 사용하는 것이라 정의할 수 있다(ASTD, 2006). 본 연구에서는 e-Learning의 개념을 웹 기반 교육, 온라인 학습, 사이버 교육, 원격교육의 개념과 유사하다고 보고, e-Learning으로 사용한다.

e-Learning을 활용한 교육시스템은 e-Learning의 확장적, 역동적, 상호작용적, 공유적인 특성을 고려하여 교육의 효과를 극대화하는 것으로 외부와의 만남을 통한 공동체적 관계를 형성, 적극적인 참여와 활발한 상호작용을 통한 의사소통 발생, 자기 성찰의 내면화로 이어지게 하기 위해서 이해를 위한 원리와 실행을 위한 절차를 포함하는 교육시스템을 말한다.

2. ARCS 모델

본 연구에서는 ARCS 모델이란 학습동기를 유발하고 지속시키기 위하여 학습환경의 동기적 측면을 설계하는 문제해결 접근법(Keller, 1983, 1984a)을 말한다. 이 모델은 동기를 유발시키고 유발된 동기를 계속 유지시키기 위한 네 가지 구성요건인 주의력(A: Attention), 관련성(R: Relevance), 자신감(C: Confidence), 만족감(S: Satisfaction)의 범주로 나누어 인간 동기의 특성을 통합적으로 설명하고, 또한 각 범주별로 동기유발 전략을 의미한다. ARCS는 이 네 가지 구성요건의 첫 글자를 따서 약칭한 것이다(Keller & 송상호, 1999).

3. 컴퓨터 자기효능감(computer self-efficacy)

컴퓨터 자기효능감은 컴퓨터 사용에 대한 자기효능감으로 자신이 컴퓨터 기술을 사용할 수 있다는 자신에 관한 보편적 신념(Compeau & Higgins, 1995a)으로 또는 정보 및 보편 컴퓨터 기술을 사용할 수 있는 자신의 능력에 대한 자아평가(VenKatesh & Davis, 1996)로 정의한다.

4. 자기조절효능감(self-regulatory efficacy)

자기조절효능감은 개인이 자기관찰, 자기판단, 자기반응과 같은 자기조절적 기제를 잘 수행할 수 있는가에 대한 효능기대라고 정의한다(Bandura, 1997a). 여기서 자기관찰이란 자신의 행동의 여러 측면에 대한 의도적 주의집중으로, 자신이 하는 일에 대한 정보를 제공하고, 목표를 설정하고, 과제의 진전 정도를 평가하는 자기조절 기능을 하며, 행동의 변화를 유도한다. 자기판단이란 자신의 목표와 현재의 수행을 비교하는 것으로, 판단에 따라 적용되는 기준, 목표의 특성, 목표달성의 중요성, 수행에 대한 귀인에 따라 수행의 긍정성 또는 부정성 여부가 결정된다. 자기반응이란 목표과정의 만족 여부에 따라 행동을 조정하고, 보다 긍정적인 방향으로의 변화를 위해 스스로에게 동기를 부여하는 것으로 설명할 수 있다(Bandura, 1997a).

Ⅱ. 이론적 배경

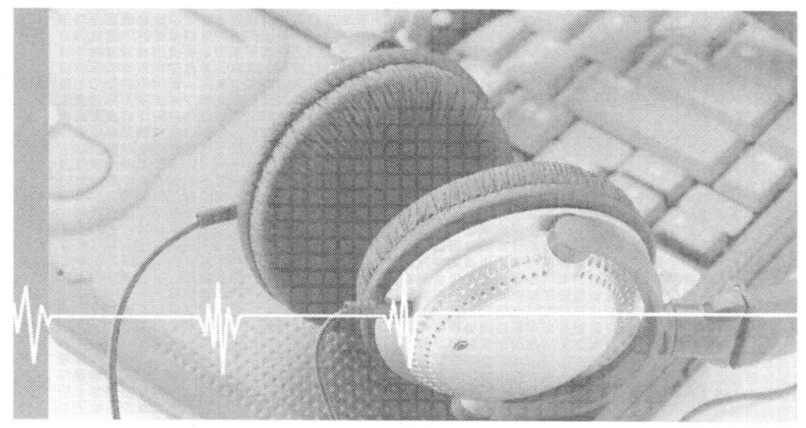

이 장에서는 본 연구의 주제 및 연구방법과 관련된 이론적 배경을 고찰한다. 먼저 e-Learning에 관한 연구에서는 e-Learning의 정의와 e-Learning의 주요 이론 그리고 e-Learning 교육시스템 및 e-Learning 학습 성과에 관한 연구를 살펴본다. 다음으로 ARCS 모델 이론에 관한 연구에서는 모델 이론과 동기전략의 구성요건 그리고 ARCS 모델의 학습 참여도 유발 전략 및 ARCS 모델 기반 설계 전략을 제시한다. 마지막으로 자기효능감에 관한 연구에서는 컴퓨터 자기효능감과 자기조절효능감의 특징을 고찰한다.

A. e-Learning에 관안 연구

1. e-Learning의 정의

'e-Learning'이라는 용어는 최근 교육계뿐만 아니라 정치나 경제와 같은 다른 사회 분야에서도 일상적으로 사용되고 있다. 이렇게 일반적으로 사용되는 e-러닝은 원래 1990년대 중반부터 웹 기반 정보통신기술의 발전과 다국적 기업들의 인력교육 비용 감소 노력이 결합하면서 탄생했다. 즉 기업의 직원 교육 패러다임의 하나로서 전 세계에 분산되어 있는 자사 근로자들의 협력 작업 및 협동학습 체제를 구축하려는 노력의 일환으로 시작된 e-Learning은 이후 평생교육 분야로 확산되었으며, 가장 최근에야 공교육분야에 e-Learning을 적용해보려는 시도가 시작되었다(이지연·이재경, 2005).

그러나 e-Learning의 명확한 정의를 내리기는 쉽지 않다. Collis와 de Boer(2001)도 지적했듯 e-Learning은 일반적으로 통용되는 정의가 없는 용어이다. 현재 e-Learning은 대부분 컴퓨터와 웹 기술을 기반으로 시간과 공간의 제한 없이 온라인으로 이루어지는 학습이나 교육을 의미 한다 (이지연·이재경, 2005). 하지만, 이렇게 컴퓨터와 웹 기술을 기반으로 이루어지는 교육을 지칭하는 용어에는 e-Learning 이외에도 웹 기반 학습(web-based learning/education), 웹 기반 훈련(web-based training), 분산 학습(distributed learning or advanced distributed learning), 원거리 학습(distance learning), 온라인 학습(online learning), 사이버 교육(cyber eucation), 이동형 학습(mobile learning) 등이 있다(Dabbagh & Bannan-Ritland, 2005; Khan, 2005). 아직까지도 학자나 관련 기관들마다 e-Learning이나 유사 용어를 정의하는 방법도 다양하며, e-Learning을 구성하는 요소나 특성도 각각 다르게 제시하는 것이 일반적이다. 예를 들어 Khan(2005)은 e-Learning의 개방성, 융통성, 분산성을 강조하면서 e-Learning을 "다양한 전자 기술을 이용해, 학습자 중심적이고 상호 작용성이 뛰어난 제대로 설계된 학습 환경을 사용자, 시간, 장소의 제한 없이 제공"하는 혁신적 방법이라고 정의한다.

이에 반해, Rosenberg(2001)는 e-Learning을 지식획득과 수행 능력 향상을 위해 인터넷 기술을 사용해 다양한 해결 방안을 제시하는 것으로 정의했으며, 특히 그는 e-Learning의 즉각적인 정보 저장 및 검색, 정보 및 학습의 공유 등을 강조한다. 이외에도 Clark와 Mayer(2002)는 'CD-Rom, 인터넷, 또는 인트라넷 등의 기술을 활용해 학습 목적에 맞는 학습 내용을 전달하는 것'으로 정의한다. 특히 이 두 사람은 학습자의 목표에 맞는 지식과 기술의 습득을 중시하며, 글 또는 그림과 같은 다양한 멀티미디어 사용을 통해 학습 내용과 방법을 전달하는 것을 강조한다. 이러한 다양한 e-Learning의 정의들을 바탕으로 본 글에서는 e-Learning을 컴퓨터 혹은 핸드폰 같은 정보통신기술(ICT: Informational Communication Technology)을 활용한 교육이나 컴퓨터의 지원을 받는 교육(computer aided education)을 넘어서서 전자 장비를 매개로 해서 일어나는 일련의 학습 및 교육 프로그램으로 좀 더 포괄적으로 정의한다.

다음의 <표 Ⅱ-1>은 연구자들이 내린 e-Learning에 대한 정의를 정리한 것이다. 위의 연구들을 고려하여, 본 연구에서는 e-Learning을 '컴퓨팅 디바이스를 이용하는 모든 학습활동'이라고 포괄적으로 정의한다.

〈표 Ⅱ-1〉 e-Learning의 정의

연구자	개 념
Urban & Weggen (2000)	인터넷, 인트라넷, 위성방송, 오디오, 비디오테이프, CD-ROM 등 전기적인 매체(electronic media)를 활용하여 학습내용을 전달하는 방법
Rosenberg(2001)	지식과 성과를 향상시킬 수 있는 다양한 해결책들을 전달하는 인터넷 테크놀로지를 활용함으로써 단순한 온라인, CBT 이상을 의미하는 것으로 KM(knowledge management)이나 전자적 성과지원을 포함함
Berry(2000)	컴퓨터 기반 학습, 인터넷 기반 학습, 가상수업(virtual classroom)을 포함하는 개념으로 e-Learning은 테크놀러지를 기반으로 하는 학습개념과 동일함
Hammond(2001)	모든 종류의 학습에 테크놀로지를 활용하여 교육정보를 제공하는 것

연구자	개 념
Walter(1999)	e-Learning은 컴퓨터, 특히 인터넷을 활용하여 교육정보를 제공하는 것
유영만(2002a)	디지털화 된 정보를 매개로 학습주체의 적극적인 정보수집, 취사선택, 편집 가공 및 평가 판단의 과정을 통해서 자신에게 필요한 지식으로 전환하고 이를 다른 학습자와 함께 공유하는 학습활동
Hall(2000)	컴퓨터나 네트워크를 이용하여 교육, 연수, 그리고 정보분야가 통합하여 통합되어 정보나 교육을 제공하는 것

2. e-Learning의 주요 이론

가. 구성주의

최근 벌어지고 있는 일련의 패러다임의 변화는 학습이론이나 학습원리에도 변화를 주었으며, 대표적인 변화로 들 수 있는 것은 지식이 인식의 주체인 학습자에 의해 구성된다고 주장하는 구성주의의 등장이고, 또 다른 변화의 한 가지는 최첨단 정보통신공학의 급속한 발전이다(강인애, 1998).

최근의 인터넷을 통해 학습자들이 세계 각 곳에 흩어진 정보와 학습전문가, 학습 동료들과 상호작용을 할 수 있도록 지원하고, 촉구함으로써 이미 종래의 매체들과 새로운 역할을 제공하고 있다. 종전의 교육방식에서 기술이나 매체가 단순히 지식의 전달 매체나 학습자의 기계적인 반응을 유도하는 제공자로서의 역할을 했다면 최근의 첨단매체는 다양한 학습도구, 내용 및 방법을 제공하면서 동시에 학습을 일으키는 촉매 역할을 하는 것을 볼 수 있다.

전통적인 교실형태의 수업에서는 지식전달 자체가 목적이었고, 교수란 어떤 매개체를 통해 지식을 전달하는 것으로 간주되었다. 그러나 새로운 교육 패러다임에 등장한 구성주의적 관점에서 지식은 학습자 개개인이 외부세계와 상호작용하는 과정에서 객관적인 경험으로 구성하는 의미로 보며, 종전에 중요시되던 ‘교수’의 개념 대신 학습자 중심의 ‘학습’ 또는 ‘학습 환경’, 즉 학습자가 다양한 학습도구와 정보자원들을 활용하여 자신이 달성하고자하는 학습목표를 달성하기 위해 문제를 해결해 나가며 그러한 과정에서 다른 학습자와 서로 협동하거나 도울 수 있는 공간을 의미한다. 전통적 교실의 수업이 경직된 수업운영의 닫혀 있는 환경이라면, 첨단 정보통신매체가 지원하는 학습 환경은 학습자의 자율성과 창의성을 촉구하는 자기주도적 학습을 위한 학습자 중심의 열린 환경이라 할 수 있다.

구성주의에 입각한 학습설계는 학습내용을 순차적으로 단순화하여 제시하고 전달하는 것이 아니라 실제 세계에서 요구되는 다양한 경험이나 관점을 접하면서 문제를 해결함으로써 학습자 스스로 관찰하고 판단해 가면서 목표를 달성하고 학습자들이 문제를 다양한 각도에서 접하고 상황들을 제시하여야 한다.

구성주의에서 주장하는 학습의 원리를 다음과 같이 크게 능동적인 학습, 실제적인 학습, 그리고 상호작용적이며 협동적인 학습으로 구분하고 있다(Clothier, 2003).

첫째, 구성주의 입장에서 보았을 때, 학습은 교사에 의하여 전달되는 것이 아니라 학습과정에서 학습자가 능동적으로 참여함으로써 발생하는 것이다. 능동적인 학습상황에서 지식은 학습자에 의하여 직접적으로 경험되고 구성되는 것이며, 학습자는 능동적으로 생성한 지식에 기초하여 행동하면서 지식을 검증하고 수정해 나가는 것이다. 따라서 학습자가 스스로 자신의 학습과정을 통제하면서 적극적으로 학습에 참여하는 자기주도적 학습환경은 새로운 교육 패러다임에 입각한 e-Learning에서 이루어질 수 있을 것이다.

둘째, 구성주의자들은 학습자들이 학습에 적극적으로 참여하기 위해서는 실제적 활동을 할 수 있도록 해야 한다고 강조한다. 여기서, 실제적 활동이란 학습자들이 학습하는 목적이나 이유를 분명히 알고 있고, 학습자들의 실생활에 밀접한 관련이 있는 과제나 활동을 의미한다. e-Learning에서 학습자는 시간과 장소에 구애를 받지 않고 학습자가 원하는 학습내용을 선택하고 스스로 학습의 목표와 계획을 세울 수 있으며, 학습자의 학습능력에 맞는 학습 진도를 세울 수 있고, 학습문제 해결능력 향상, 즉 탐구력과 창의력 학습활동을 할 수 있다.

셋째, 사회 문화적 구성주의자들의 입장에서 보면, 사회적 상호작용의 내면화를 통해 개인의 인지적 발달이 이루어진다. 즉 e-Learning의 환경에서 학습자들은 자신과 다른 의견을 갖고 있는 사람들과 토론, 즉 다수의 학습자와 교사가 컴퓨터를 통하여 문자로 의사소통을 구성, 저장, 처리하는 기능으로 서로의 학습내용을 교환할 수 있다. 전자토론의 형태는 토론이 실시간으로 진행되는 동기적인 방식과 학습자가 편리한 시간에 게시물을 읽고 응답하는 비동기적 방식으로 나누어지며, 그 각각에 있어서도 다대다, 일대다 혹인 일대일 커뮤니케이션의 다양한 형태의 상호작용이 이루어질 수 있다(조미헌·김민경·김미량·이옥화·허희옥, 2004).

구성주의를 최근 새로운 패러다임에서 강조하는 학습자 중심의 학습이론이고 컴퓨터 매개 통신 시스템은 이를 구현할 수 있는 시스템이라고 말하며, 이 같은 컴퓨터 매개 통신을 통해 정보화 시대의 교육패러다임, 즉 학습자 중심의 교육환경 실현에 대한 가능성을 구체화할 수 있다고 하였다. 따라서 새로운 교육환경의 학습방법은 e-Learning을 통해 실현되고 있다고 할 수 있다.

나. 자기조절학습

컴퓨터를 매개로 하여 이루어지는 학습은 학습자의 주도성을 전제로 하고 있기 때문에 면대면, 집합교육에 비해 학습자의 학습통제 능력이 보다 강조되고 있다(Yang, 1993; Young, 1996). e-Learning 환경 또한 학습자가 자신의 학습을 능동적으로 이끌어나가야 함을 기본 전제로 하고 있으며, 이 때문에 e-Learning 환경에서의 자기조절학습능력은 학습자가 학업을 성취하고, 동기를 유지하는 데 중요한 역할을 하게 된다(임철일, 2002).

임정훈(1999a)은 자기조절학습이 e-Learning 에 주는 시사점을 다음 세 가지로 제시하고 있다.

첫째, 자기조절학습의 원리는 학습자 통제 환경에서 내적 상호작용 활동의 중요성을 강조하고 있다. 면대면 교육을 포함하여 CBI, 네트워크 활용 교육 등 대부분의 교육분야에서 논의되어온 상호작용의 개념은 외적 상호작용 활동에 초점이 맞추어져 있었기 때문에, 학습자가 자기 자신과 내재적으로 교감하고 스스로 자신의 학습과정을 조절, 통제함으로써 외부 요소들과의 합리적인 상호작용 방법을 찾아내는 과정에 대해서는 상대적으로 많은 관심을 기울여 오지 않았다. 전형적인 학습자 통제 환경이라고 할 수 있는 e-Learning 에서는 학습자들이 외적 요소들과 상호작용 하는 것 외에 내적으로 자기 자신과 상호작용함으로써 스스로의 학습활동을 조절해 나가는 과정이나 구조에 대해 더욱 많은 관심을 가져야 한다.

둘째, 학습자 통제 환경에서의 학습이 성공적이려면 자기조절학습 능력이 필수적이라는 점이다. 학습에서의 자유를 허용하고, 시스템을 잘 설계하거나 탐색활동을 위한 보조도구 및 도움을 제공해 준다고 할지라도 학습자가 자신의 학습과정을 효과적으로 통제해 가며 학습을 진행할 수 없다면 보다 나은 학업성취를 기대하기 어렵다. 즉 학습자 통제 환경에서의 학습 상황은 고도의 학습통제능력, 예컨대 어떤 계획을 세워 학습을 진행할지, 어떤 계열에 따라 학습을 해가야 할지, 어떤 정보들을 서로 관련시켜 원하는 학습내용을 구성할지, 자신의 판단이 과연 효과적인지 등을 결정하는 능력을 요구하는데, 이러한 의사결정 능력은 자기조절학습 중 초인지에 해당하는 능력이다.

셋째, e-Learning 환경에서의 효과적인 학습을 위해서는 이러한 능력이 부족한 학습자들을 위하여 자기조절학습능력을 신장시키기 위한 방안을 모색하거나 학습과정에서 이들의 학습에 도움을 줄 수 있는 기제를 제공해 주어야 할 필요가 있다는 것이다. 자신의 학습 과정을 적절히 통제하지 못하거나 적합한 학습전략을 생성해 내지 못함으로 인해 혼란감과 인지적 과부담을 느끼는 학습자들에게는, 자신의 인지능력에 관하여 명확히 인지하고 그에 따른 최선의 정보 탐색 전략을 수립, 활용할 수 있도록 초인지 능력이나 학습전략의 활용능력 신장을 위한 훈련 프로그램을 제공하거나, 각종 도움정보 혹은 기제를 제공할 필요가 있다. 선행 연구들에 의하면 자기조절학습능력이나 초인지 능력은 훈련을 통하여 신장이 가능하며, 이를 통해 자기조절능력이 부족한 학습자들도 긍정적인 학업성취결과를 얻도록 할 수 있다.

다. 자기주도학습

1961년 시카고 대학의 Houle(1961)이 주창한 이후, 1979년 Tough(1979)가 형식적인 학습과정보다는 자기주도 아래에서 이루어지는 학습과정이 더 효과적이라고 주장하면서 비롯된 자기주도학습은 학습자가 어떻게 자신의 학습을 조절해 나가는가에 대한 논의가 거듭되면서 본격적으로 자기주도 학습에 대한 연구가 시작되었다(홍기칠, 2004).

자기주도학습은 학교 교육과정의 테두리 안에서 교육을 시행하되, 아동들이 교육의 주체로서 교수·학습 과정에서 적극적으로 참여하는 학습 활동을 의미한다. 이는 학습자의 능동적인 사고를 전제로 하여 학습자가 학습의 내용이나 과정, 방법 등에 직접 참여하며, 학습자가 학습의 중심이 되는 학습방법이다(Tough & Donaghy, 2006).

학습자가 학습의 중심으로 학습하는 방법은 아동들이 학습수행에 대해 어느 정도 자기-인식, 자기-점검을 하면서 다양한 수준의 학습 기술과 전략들을 직접적으로 사용한다는 점에서 자기조절 학습과 유사하다(신민희, 1998).

Corno와 Mandinach(1983)는 '자기주도학습이란 학습자가 학습과제에 당면하여 수행해내는 의도적인 계획이나 점검 등 구체적인 인지활동으로 구성되어 있으며, 이러한 자기주도학습은 인지활동의 가장 상위형태이다.'라고 정의하였다. 정미경(1999)은 동기와 인지 변인이 통합된 복합구인으로서, 변인의 성격이 다양하고 학교의 학습형태와 과제제시 및 그 해결형태에 따라 각각의 구인이 상호작용해서 나타나는 결과를 자기주도학습으로 보았다. 김용수(1998)는 자기주도학습이란 학습자가 자신의 정보처리 능력을 충분히 발휘하여 가장 알맞은 형태로 정보를 변환시키고 자기주도적으로 수행의 향상을 기대하는 학습이라고 정의하였다.

자기주도학습의 정의는 다양하지만, 공통적으로 학습자가 학습과정에 적극적으로 참여하며, 자신의 인지를 계획, 검토, 수정하는 것, 효과적인 학습전략을 사용하는 것을 포함하고 있다. 자기주도 학습자들은 외적인 통제에 의해 행동하기보다는 오히려 그들 자신의 학습경험을 만들고 지시한다. 결국 자기주도학습이란 학습자가 스스로 정한 목표를 달성하기 위해 필요한 방법을 선택하고 조절함으로써 학습의 주체가 되는 학습형태라고 할 수 있다.

3. e-Learning 교육시스템의 개념

이 장에서는 e-Learning 교육시스템의 학습 성과를 위해 교육시스템의 개념과 특성을 분석하여 교육시스템의 정의와 형태를 제시하고 e-Learnin 교육시스템을 정의한다.

가. 교육시스템의 개념과 특성

교실과 교사, 도서관, 칠판과 같은 기존의 수업이 이루어지고 있는 현 상황에서의 국내 교육은 일방향적 주입식 교수학습과 시공간적으로 제한되는 교육, 교사위주, 비학습자 중심, 교사의 업무부담 증가, 교육비용 과다, 교육환경의 과소, 과밀화 등과 같은 문제점을 보이고 있다(하원규·최남희, 2001).

이런 문제점을 해결하기 위해 계속적으로 국내 교육시스템을 개발, 연구하고 있는 실정이다. 먼저 올바른 교육시스템을 제공하고자 교육시스템의 정의와 구성을 살펴보고자 한다.

교육시스템은 교육적인 목적이나 목표를 달성하여 여러 구성요소들로 이루어진 컴퓨터 기반의 정보처리 시스템으로 정의할 수 있다. 본 연구에서는 인터넷기반학습을 위한 교육시스템의 표준구조에 관한 연구의 내용으로 교육시스템의 구성요소를 H/W와 S/W, 인적요소와 기술 그리고 상호작용이라는 5가지 구성요소로 시스템의 표준구조를 정의한다. 기술은 공학기술과 교육기술을 통칭하는 구성용어이며, 상호작용의 종류에는 모두 6가지가 있지만, 학습자가 경험할 수 있는 상호작용을 크게 개인적 상호작용과 사회적 상호작용으로 나눌 수 있다. 나머지 상호작용은 기타 상호작용으로 나타낸다.

모든 교육시스템은 교육시스템의 목적, 교수학습모형, 교수학습 형태 등에 따라 적절한 구성요소를 포함하도록 한다. 네트워크를 기반으로 한 인터넷 기반 교육시스템의 표준구조에 따른 구성요소는 다음 <표 Ⅱ-2>와 같다.

즉 교육시스템은 단순한 시스템의 구성을 나타내는 것이 아니라 H/W, S/W, 인적요소, 기술, 상호작용 등의 여러 구성요소를 포함한 것이라 할 수 있다.

구성요소	하위 구성요소	종류
H/W	정보통신망	LAN: Ethernet, FDDI, ATM 등
		WAN: PSTN, PSDN, ISDN 등
	정보통신기기	LAN 기기: N/W Adaptor, Hub 등
		WAN 기기: Router, DSU/CSU 등
	정보처리기기	Server, Client 주변기기 등
S/W	시스템 S/W	제어용: OS, API 등
		지원용: Web, Mail, FTP, VOD, DB 등
		개발용: Compiler, Interpreter 등
	응용 S/W	교수도구, 학습도구, 상호작용지원도구 평가 및 검사도구, 저작도구, 관리도구 등
	교육내용	학습내용, 학습자료, 학습자 저작물 등
인적요소	교육 관련구성원	상담자, 교수자, 학습자, 교육전문가 등
	교육외 관련구성원	관리자, 설계자, 지원체제(정부, ISP) 등
기 술	공학기술	H/W 관련기술, S/W 관련기술
	교육기술	교육철학, 교수-학습이론, 교수-학습 방법 등
상호작용	개인적 상호작용	S/W-인적요소, H/W-인적요소
	사회적 상호작용	인적요소-인적요소
	기타 상호작용	H/W-S/W, H/W-H/W, S/W-S/W

    네트워크 기반의 교육시스템은 집합교육에서 벗어난 원격지간의 교육이 이루어지는 형태로 컴퓨터 기반 교육시스템, 멀티미디어 교육시스템, 웹 기반교육시스템, 가상 교육시스템 등으로 혼용되어 분류되고 있다. 그러나 현재에는 e-Learning이라는 교육시스템이 네트워크 기반 교육시스템의 개념을 포함하고 있으며, 원격 교육시스템

이 e-Learning의 개념을 포함하고 있다.

컴퓨터 기반 교육은 컴퓨터를 통해 이루어지는 교육으로 주로 CD나 파일형태의 교재를 사용한다. 이것은 네트워크로 연결되지 않고 독립 컴퓨터 단위로 개인별 교육이 이루어지는 형태이며, 오프라인 교육의 일부를 차지하고 있다. 컴퓨터 기반 교육은 e-Learning의 가장 기본적이며, 초보적인 형태라고 할 수 있다(유인출, 2001).

웹 기반의 교육시스템은 네트워크로 연결되어 훈련 내용과 정보의 즉각적인 갱신, 저장, 검색, 유통 및 공유가 이루어지는 시스템이다. 전통적인 훈련 패러다임을 뛰어넘는 학습 솔루션이라는 광의의 학습 관점에 초점을 맞출 수 있으며 표준 인터넷 기술을 사용하는 컴퓨터를 경유하여 최종 사용자에게 전달된다(유영만, 2001). 웹 기반의 교육시스템은 원격 학습의 한 형태가 될 수 있지만, 원격 교육시스템은 웹 기반의 교육시스템이 될 수 없다.

멀티미디어 교육시스템은 멀티미디어의 특성을 가진 시스템으로, 멀티미디어는 문자, 그림, 사진, 동영상, 애니메이션, 음향, 음악, 출판 등이 디지털 방식으로 컴퓨터를 중심으로 통합된 커뮤니케이션과 상호작용이 수반되는 복합다중매체를 말한다(최성희·전영국·정혜선, 2000). 즉, 멀티미디어 시스템이란 다양한 미디어로 이루어져 있는 정보들을 하드웨어와 소프트웨어를 이용하여 유기적으로 결합하여 시청각적인 효과를 창출하는 시스템이라 할 수 있다(나일주, 1999).

멀티미디어 시스템의 가장 중요한 특성은 의사소통의 다양한 모드에 대응되는 이질적 매체를 통합적으로 제공한다는 점이다.

가상 교육시스템은 온라인 형태가 아니더라도 가상공간에서 이루어지는 교육으로 시뮬레이션(simulation)이나 가상현실(virtual reality)

기법을 교육에 활용한 시스템이다.

e-Learning은 용어 그대로 전자적인 기술(e)과 교육(Learning)이 합쳐진 것으로서 기술기반(technology-based)교육을 의미한다.

원격 교육시스템은 온라인 교육은 물론 e-Learning까지 포함하는 가장 광범위한 개념으로 기존의 강의가 물리적으로 같은 공간상에서 이루어지는 방식을 벗어나 지역적으로 떨어진 사용자들이 컴퓨터와 네트워크를 이용해 강의 정보를 공유하는 교육 방식을 취하고 있는 시스템을 말한다. 학습자와 교수자간의 비접촉성 커뮤니케이션으로 이루어지며 원격교육에 사용되는 교재로는 인쇄자료, 음성, 영상자료, 컴퓨터 코스웨어 등 이 포함된다. 각종 피드백이나 일대일 출석 강좌, 컴퓨터통신을 통한 토론, 음성 또는 영상강의시스템 등을 통해 커뮤니케이션이 양방향 상호작용으로 이루어진다. 교육이 다수 학생을 대상으로 하면서도 개별학습에 초점을 맞추어 실시될 수 있는 시스템이다(이영로·박용진·김종표·강이철·최원정 외, 2002).

나. e-Learning 교육시스템의 정의

산업시대에는 학생들이 교실을 찾아다니며 공부했고, 정보화 시대에는 학생들이 인터넷에서 학습정보를 찾으며 공부했다. 그러나 산업시대에서의 물리공간을 중심으로 이루어지는 교육과 정보화 시대의 인터넷에서 이루어지는 전자공간중심의 교육이 분리된 교육은 한계를 가지므로 반드시 물리공간에 토대를 둔 교육과의 연계성이 필요하며 상호 보완적으로 통합·연계됨으로써 생명을 얻고 진화해 나갈 수 있을 것이다.

e-Learning 교육시대에는 물리공간의 교육과 전자공간의 교육이 분리되지 않는 상호보완 할 수 있는 교육시스템으로 학습정보가 학생들에게 맞추진 교육환경의 시대로 e-Learning 교육환경에서는 맞춤형 교육이 40년 동안 지속될 수 있다. 이러한 e-Learning 교육체제로 가는 것은 가능성 있는 교육 문제의 해법이다.

e-Learning 교육 환경은 어떤 장소와 어떤 시간에도 누구든지 접속할 수 있는 하나의 포괄적인 교육으로 e-Learning 교육은 정해진 스케줄과 물리적인 공간에서 이루어지는 교육이 아니다. 또한 e-Learning 교육은 e-Learning 컴퓨팅 기술을 기반으로 교육이 이루어진다(이지연·이재경, 2005).

즉 e-Learning 교육시스템은 시간과 장소에 구애받지 않고 학습을 할 수 있고 어떤 단말로도 학습할 수 있으며 e-Learning 환경이 이루어진 물리적 환경에서 교육을 받고자 하면 적절한 콘텐츠가 만들어지는 교육환경을 조성해 줌으로써 보다 창의적이고 학습자가 중심이 된 교육을 할 수 있는 시스템이다. e-Learning 교육시스템은 e-Learning 환경에 맞도록 제안된 교육시스템으로 기존의 웹 교육시스템의 의미를 더 포괄하는 개념의 교육시스템으로 발전할 새로운 교육패러다임이다(유영만, 2002b).

기존의 교육시스템을 포함하고 있으므로 기존의 교육시스템에서의 인터넷기반 교육이나 원격교육의 형태도 함께 이루어질 수 있기에 e-Learning 교육에서는 게임기, 휴대전화, PDA, 정보가전, 디지털카메라, e-book 등의 여러 매체를 이용하여 교육을 받을 수 있다. 또한 e-Learning 교육시스템에서는 기존의 텍스트·음성 정보에 한정되어 있던 교육에서 e-Learning 네트워크라는 브로드밴드라는 기술

요소가 더해지면서 전달하기 힘들었던 영상을 이용한 실시간 쌍방향 커뮤니케이션이 가능해진다.

e-Learning 컴퓨팅 기술과 e-Learning 네트워크에서의 접속을 통해 획일적이거나 강제적이지 않고, 다수의 학생들에게 각자의 개별화된 욕구에 따라서 학습한다. 그러한 학습환경에서 부모·교수들과의 상호작용은 자연스럽고 편안하게 이루어진다(하원규·김동환·최남희, 2002). 이런 e-Learning 교육시스템은 새로운 패러다임으로 적용될 수 있을 만큼 새로운 교육환경을 창조하고 컴퓨터, 학교, 학생, 학부모, 교사 간의 관계를 재정립하는 미래의 교육시스템으로 나아가야 할 것이다. e-Learning 교육시스템의 구성을 제시하고자 교육시스템의 기술적 요소뿐만 아니라, H/W, S/W, 인적요소, 기술, 상호작용 등과 같은 여러 요소 모두를 합하여 교육시스템이라 정의한 것을 기준으로 하여 e-Learning 교육시스템의 시스템적인 구성요소를 살펴보고자 한다. 단, e-Learning 교육시스템은 물질공간의 물체들이 네트워크로 연결되는 구조를 취하게 되므로 기존의 시스템구성요소와 같이 교육시스템을 구성 하기는 어려우며, e-Learning 시대의 교육시스템 또한 교육의 내용뿐만 아니라 여러 요소를 포함할 수 있다는 정의의 예만 제시하고자 한다. 그러므로 추후 연구과제가 될 수 있는 연구 주제로 본 연구에서의 e-Learning 시대의 교육시스템은 e-Learning 시대의 컴퓨팅 기술을 바탕으로 하므로 e-Learning 컴퓨팅 기술에 따른 H/W, S/W, 인적요소, 기술, 상호작용을 중심으로 e-Learning 교육시스템의 구성요소의 변화를 예측한다.

우선 e-Learning 시대의 컴퓨팅 기술의 기반기술은 어디에서나 안전하게 컴퓨터를 사용할 수 있는 개인인증 기술과 보안기술이 기본적인 기술로 사용자들이 시스템의 운영사항을 알 수 없을 정도로 편안하게 사용할 수 있고 정보에 노출될 수 있다는 불안감이 없도록 해야 한다.

e-Learning 교육시스템의 하드웨어의 성능과 인터페이스 기술은 전반적으로 향상될 것이다. 즉 인간 중심의 비가시적 입력과 출력 기술과 기억장치 기술, 소형화 기술, 저소비 전력화 기술, 나노, 병렬 등 고집적 기술, 내장형 기술을 사용하게 된다.

e-Learning 교육시스템의 소프트웨어적인 변화는 입력 방식이 키보드와 마우스만을 사용한 입력 방식에 비교하여 아주 많은 방식의 입력이 사용되기에 여기에 사용되는 입력 장치만 해도 전등 스위치, 방에 설치된 카메라를 통한 제스처 인식, 음성 인식, 사용자가 갖고 있는 PDA 또는 유사한 지시장치 등 많은 오브젝트와 다양한 상호 작용 있는 환경의 변화에서부터 변화된다. 이러한 소프트웨어 환경의 변화는 새로운 운영체계나 미들웨어를 필요로 한다. e-Learning 시대의 소프트웨어의 요구사항으로는 새로운 장치가 환경에 추가될 경우 이러한 사실을 확인하고 새로 발견된 장치가 기존환경에서 어떤 역할을 맡아야 할지를 결정, 오브젝트의 기존 환경과의 통합, 비정상적인 오브젝트가 생길 경우 시스템에서 제거하는 장애 대처 기능이 존재하는 소프트웨어이어야 할 것이다(이만재, 2003).

e-Learning 교육시스템의 인적요소는 기존의 교육 관련 구성원인 상담자, 교수자, 학습자, 교육전문가 등의 인적요소는 교육시스템의 새로운 패러다임의 변화에 따라 바뀔 것이며 그 역할 또한 바뀔 것이다. 즉, e-Learning 시대의 교수자, 안내자, 교육전문가는 교육 외 관련구성원인 관리자, 설계자 등의 역할을 함께 할 수도 있으며 역

할이나 의미는 변화될 것이다.

4. e-Learning 학습성과에 관안 연구

  학습 성과란 학습을 계획하고 수행한 후에 나타나는 결과적인 측면을 말하는 것으로, 학습 과정 동안 진행한 여러 가지 활동을 평가하거나 일정기간동안 학습을 수행하고 난 후에 학습내용과 관련된 문제로 사후 평가를 실시하는 등 다양한 방법으로 수행되어 왔다.

  원격교육과 관련된 선행연구(정인성·임정훈, 2000; Bottomley & Calvert, 1994)에서는 원격교육에서의 효과를 나타내는 지표로 수강한 강좌에서의 학점 이수율, 졸업이나 수료 여부, 학업 성취 수준, 서비스에 대한 만족도, 상호작용의 양과 질이 사용되어 왔다. 특히, e-Learning기반 교육에서의 학습 성과는 기존의 면대면 수업에서의 학습 성과와는 다른 형태로 평가되어 왔는데, e-Learning기반 교육과 관련된 선행 연구들에서 학습 성과를 어떻게 보고 있는지 정리하면 다음과 같다.

  첫째, e-Learning기반 교육에서는 교실 수업과는 달리 학습자가 스스로 키보드를 두드리고 자신의 이야기를 해야만 수업 활동에 참여하는 것으로 인정될 수 있고(Harasim, Hiltz, Teles & Turoff, 1995), 학습자들이 참여하지 않을 경우 교육 자체가 어려울 뿐만 아니라 학습자의 능동적이고 적극적인 참여에 근거하여 e-Learning기반 수업이 유지될 수 있으므로, 참여도는 컴퓨터 매개 교수-학습 상황에서는 중요하게 인식되고 있는 학습성과 변인 중 하나이다.

e-Learning기반 교육과 관련된 선행연구에서는 학습 참여도를 접속 횟수, 접속 시간, 메시지 양적·질적 정도, 토론 참여 횟수 및 참여율 등을 통해 분석하고 있다. 김은옥(1998), Hatch와 Hayward(1996), Romiszowski와 Mason(1996)은 접속 횟수와 접속 시간을 측정하여 학습자의 가상수업의 참여도를 측정하였다. 특히 이들은 서버에 저장된 기록 파일과 스크립트 등을 분석하여 접속횟수와 시간을 측정하고 있는데, 기록파일 분석은 참여자와 체제 간에 일어난 모든 상호작용을 기록할 수 있기 때문에 자연스러운 환경에서 강요 없이 자료를 수집할 수 있다는 장점이 있으며, 방문한 페이지의 수와 머문 시간을 양적으로 나타낼 수 있다는 장점을 가지고 있다(김미량, 2000). 몇몇 선행연구(Choi, 1996; Mitchell, 1996; Schemitz & Fulk, 1991)에서는 설문을 이용하여 접속횟수와 시간 등의 자료를 수집하여 참여도를 측정하였다.

한편, e-Learning기반 환경이 가지고 있는 상호작용 특성에서 비롯되어 구성원들 간의 상호작용 정도를 참여도의 한 부분으로 평가한 연구도 있다. 정인성·임철일·최성희·임정훈(2000)과 김소연(1999)은 토론방에 올린 메시지의 양적·질적 분석 등을 통해 구성원들 간의 상호작용 정도를 측정하고 있으며, 이선임(1999)은 학습자와 튜터의 상호작용을 분석하기 위해 Q&A나 게시판에 올라온 글들과 학습자가 개별적으로 튜터에게 보낸 전자 메일의 내용을 메시지 분석 프레임을 사용하여 분석하였으며, 학습자가 튜터에게 보낸 각 메시지 유형에 속하는 의미 단위별 분석을 통한 메시지 유형별 총 개수를 분석하여 학습자 참여의 정도를 알 수 있었다고 밝히고 있다. 오윤진(1999)은 학습자의 참여정도를 비실시간 컨퍼런싱을 활용하여 의견을 제시한 빈도수와 제시한 의견의 양을 기준으로 측정하였으며, 유수현(1999)은 학습자의 성격 특성에 따른 e-Learning기반 수업 상호작용을 분석한 연구에서 학습자가 교수자에게 보낸 메시지 수, 학습자가 동료 학습자에게 보낸 메시지 수, 학습자가 교수자의 메시지를 조회한 횟수, 학습자가 동료 학습자 메시지를 조회한 횟수, 학습자가 학습자료를 조회한 횟수와 시간을 기록 파일을 분석한 결과를 통해 상호작용 정도를 측정하였다.

또한, 온라인 토론 참여도를 학습 성과의 유형으로 보고 있는데, 이는 학습자들이 온라인 토론 활동에 얼마나 참여했는지를 나타내주는 양적 자료로서, 주로 토론 게시 횟수, 토론 조회 횟수, 토론 시간, 토론 분량 등을 통해 분석하기도 한다(임정훈, 1999b). 위의 여러 선행연구들에서 밝히고 있는 참여도 측정 기준들 중에서 Q&A나 자유게시판의 메시지 개수, 전자우편 개수, 온라인 토론 참여 횟수 및 참여율 등은 구성원들 간의 상호작용을 위해 이용된 것으로서, 가상공간에서 대인 간의 상호작용 정도를 측정할 수 있게 한다.

둘째, 새로운 매체나 교수 방법이 도입되었을 경우, 이에 대한 학습자의 만족 정도는 차후에 또 다시 이 새로운 매체 및 교수방법을 선택하고 수용할 것인지의 여부에 영향을 미칠 뿐만 아니라 학습자 중심 교육 환경에서는 학습자의 만족도가 더욱 더 비중 있는 요소로 작용할 수밖에 없기 때문에 e-Learning기반 교육과 관련된 연구들에서는 교수-학습의 결과 지표로서 학업성취도와 학습만족도가 많이 고려되고 있다. 정재삼과 임규연(2000)은 e-Learning기반 온라인 토론 활동 전반에 대해 학습자가 만족하는 정도를 설문지를 통해 온라인 토론에 대한 일반적인 만족 정도와 학습과 관련된 이점을 파악하였으며, 정인성과 임정훈, 최종근(1999)은 가상수업 수행 후 설문지와 인터뷰를 통해 교육효과의 인식 정도, 강좌 만족도, 컴퓨터 매개통신에 대한 긍정적 태도 등을 포함한 수업 만족도를 측정하고 있다. 또한, 정인성과 임정훈(2000)은 e-Learning기반 가상수업의 투자 효과 분석을 위해 학습 효과의 한 측면으로 강좌 자체에 대한 만족도, 교수자에 대한 만족도, 수업 운영에 대한 만족도 등을 포함시키고 있다. 이처럼, e-Learning기반 강좌를 수강한 학습자를 대상으로 측정한 학습 만족도는 학습 성과의 지표로 많이 사용되지만, 학습자의 인식에 근거하여 측정될 수밖에 없다는 한계를 지니고 있다.

셋째, 학업 성취도는 어떠한 학습 환경이건, 대상이 누구이든 간에 학습이 이루어진 곳에서라면 언제나 중요한 학습 성과의 한 유형으로 보고 있다. e-Learning기반 환경에서의 학업 성취는 출석수업과 동일한 방법으로 시험 성적, 제출한 과제물이나 리포트 성적을 통해 이뤄지기도 하며, 매체에 따라 학습자에게 요구하는 활동이 다르기 때문에 e-Learning기반 환경이 갖고 있는 유용한 측면을 강조하여 그 부분을 통해 이뤄진 활동을 포함시키는 등 출석수업과는 조금 다르게 측정하기도 하였다.

원격교육을 실시한 후에 학습 내용과 관련된 시험 문제를 통해, 정인성과 임정훈(2000)은 컴퓨터의 이해라는 과목을 방송 원격수업 형태와 인터넷 가상 수업 형태로 수강한 학습자들이 관련 내용을 구체적으로 얼마나 알게 되었는가를 비교하기 위해 학습내용과 관련된 총 8문항으로 학업 성취도를 측정하였다. 또한, 두민영과 김영수(2000)은 e-Learning기반 기업훈련 프로그램을 수강한 회사원을 대상으로 수업 관련성 향상 메시지의 제공 여부가 학습 성과에 미치는 영향력을 파악한 연구에서 대다수의 출석수업과 동일하게 중간 평가, 총괄 평가, 개별 과제제출을 통해 학업 성취도를 산출하였는데, 학습의 개별 진도 상황을 조사하여 80%이상이 되는 학습자만 평가에 응시 가능하였기 때문에, 학업 성취도에는 학습진도 상황에 대한 성적이 반영되었다는 것을 알 수 있다.

한편, 이선임(1999)은 한 달간의 e-Learning기반 기업훈련 프로그램에서의 학업 성취를 형성평가, 총괄평가, 과제제출 이외에도 학습진도 성적, 토론참여 등의 기준을 포함시켜 산출하였으며, 정재삼·임규연(2000)은 e-Learning기반 토론과정에서의 학업 성취도를 토론의 과정에서 각 학습자가 게시하였던 메시지의 내용, 토론 후 제출한 성찰일지의 질적 분석 결과를 토대로 측정하고 있다. 강명희와 장선(1998)은 인터넷을 활용한 원격교육에서의 학업 성취도를 상호작용 정도로 정의하고 있으며, Powell(1980)은 학습 시간의 양은 학업 성취의 가장 중요한 결정 요인이 된다고 보고하고 있다. 또한, e-Learning기반 협동학습 상황에서 학습자의 자기 효능감과 보상구조가 학업 성취도에 미치는 영향을 분석한 오윤진(1999)의 연구에서는 개별 시험 평가와 정보를 공유하여 공동으로 작성한 집단 과제물에 대한 협동학습 결과를 평가함으로써 학업성취도를 측정하고 있다.

마지막으로 참여도, 만족도, 성취도 이외에도 문제해결 성과 분석, 동기유발정도, 인터넷활용능력 등을 e-Learning기반 학습의 결과적인 측면으로 보고 있다(Wang, 2003).

온라인 토론을 통해 소집단구성원들이 공동으로 해결한 소집단 협동학습 과제를 학습 성과로 평가한 임정훈(1999b)은 문제해결 프로세스 각각을 얼마나 충실하게 따랐는가 하는 점과 문제해결 결과가 얼마나 논리적이고 합리적인가 하는 점을 준거로 하여 평가를 하고 있다. 인지 전략이나 창의적 사고력, 비판적 사고력 같은 고차원적인 인지적 능력들을 활용하여 주어진 문제와 연관되어 있는 장애요소를 극복함으로써 문제를 해결해나가는 성취 정도를 분석하는 것은 e-Learning기반학습 성과를 평가할 수 있는 단서가 될 수 있기 때문이다(Fisher, 1990). 또한, 원격 교육에서 학습자의 동기 유발이 학습 효과에 결정적인 역할을 한다는 것에 초점을 두어 학습자의 동기유발을 학습의 결과적인 측면으로 봤으며, 정인성과 임정훈(2000)은 첨단매체를 활용한 의사소통 역량, 정보 문해 역량, 정보 검색 역량, 데이터 인출 및 조작 역량 등 인터넷 활용 능력을 학습 효과의 한 측면으로 분석하였다.

B. ARCS 모델 이론에 관안 연구

1. ARCS 모델의 개념

학습자들이 e-Learning 내용을 학습하는 데 있어 사전에 얼마나 동기 부여되어 있는지를 나타내는 학습동기는 '교육훈련 프로그램의 내용을 학습하고자 하는 교육훈련 참가자의 특수한 열망(specific desire)'으로 정의할 수 있다(Noe & Schmitt, 1986). 수업의 효과성은 학습자의 다양한 종류의 학업성취 수준에 의해, 수업의 효율성은 효과성을 학습자가 사용한 시간, 비용 등으로 나눔으로써 측정된다. 그리고 수업의 매력성은 학습자가 교과내용에 흥미를 느끼고, 계속 공부하기를 원하는 정도에 따라 결정된다(박수경, 1998). Keller(1987)는 학습동기와 관련된 이러한 태도를 비판하면서, 인간의 동기를 결정짓는 여러 가지 변인들과 그에 관련된 구체적인 개념과 전략을 제시해 주는 이론을 정립했는데 그것이 ARCS 동기유발 이론이다.

Keller(1999)는 동기에 관한 기존의 각종 이론 및 연구들을 종합하여 체계화시킨 ARCS이론을 개발하였다. 그는 인간의 동기를 결정지을 수 있는 여러 가지 다양한 변인들과 그에 관련된 구체적 개념들을 통합하여 4개의 개념적 범주를 제시하였다.

이 개념적 범주에는 주의력(A: Attention), 관련성(R: Relevance), 자신감(C: Confidence), 만족감(S: Satisfaction) 등이 포함된다. 이 ARCS 이론을 바탕으로 연구모형의 틀을 잡았으며 e-Learning 이라는 특징을 포함하는 항목을 추가하였다.

ARCS 모델(Keller, 1984a)은 학습의 동기화를 설명하기 위하여 인간의 동기에 관한 많은 연구 결과를 통합하여 개발된 모델이라 할 수 있다. 이 모델의 목적은 학습동기를 자극하고 유지할 수 있는 네 가지의 요소를 제시하고 이들을 교수설계의 체제적 접근 방법과 통합하여 설계의 구체적인 전략을 창출하도록 도와주는 데 있다.

Keller(1984a)가 제시하는 동기유발의 네 가지 요소들이고, 이 네 가지 요소들을 상세히 서술하면 <표 Ⅱ-3>과 같다.

〈표 Ⅱ-3〉 ARCS 동기유발 모델의 구성범주

차 원	정 의
주의력	"주의" 는 호기심, 주의 환기, 감각추구 등의 개념과 연관되어 있다. ARCS 모델에서 주의력은 호기심, 감동 그리고 주위를 획득하는 데 도움을 주는 여러 요소가 포함된다.
관련성	관련성에는 목적과 과정의 두 가지 측면이 있다. 목적 측면은 유용성에 관한 것이고 과정의 측면은 학습자의 욕구 충족을 고려하는 수업방법과 관련이 있다. 수업내용이 학습자의 현재의 흥미와 과거의 경험과 관련을 맺고 있을 때 관련성은 증가될 것이다.
자신감	자신감에는 지각된 능력, 지각된 통제력, 성공에의 기대 등의 세 가지 측면이 있다.
만족감	만족감에 영향을 주는 요소로 내적결과와 외적 결과로 구분하였다. 내적 결과에는 학습장의 학업 수행과 결과에 대한 인지적 평가와 기타 내적 보상이 포함되며, 외적 결과에는 강화와 피드백이 포함된다.

※ 출처: Keller & 송상호(1999). 매력적인 수업설계. 서울: 교육과학사.

Keller(1984a)는 <표 Ⅱ-4>과 같이 네 가지 하위범주를 구조화하였다. 각각의 하위범주들이 동기 연구의 결과를 최적으로 반영하도록 하였다. 그 결과 Keller(1984b) 자신이나 여러 사람들이 ARCS 모델로서 사용하는 표준적 하위범주를 만들어냈다.

Keller와 Song(1998)은 ARCS 모델을 이용하여 컴퓨터 보조 수업에서 주의집중, 관련성, 자신감의 전략을 적응적으로 제공한 후 학습자의 동기수준이 향상되었음을 연구를 통해 검증하였다.

Keller와 Suzuki(1988), Keller(1993)가 ARCS 모델에 근거하여 제안하는 동기전략들은 컴퓨터를 매개로 한 수업 설계 연구에 적용하여

ARCS 모델이 효과적임을 입증하였다.

<표 Ⅱ-4> ARCS 동기유발 모델의 하위 구성범주

차원	요소	정의
주의력	지각적 각성	호기심을 증가시키기 위하여 참신하거나 기존의 것과 모순되거나 불확실한 사건 또는 역설적인 사건, 정보를 교수 상황에 사용함으로써 학습자의 주의력을 유발시키려는 전략을 말한다.
	탐구적 각성	학습자로 하여금 질문을 하게 하고, 문제에 답하기 위해 문제 해결 활동을 하게 하는 경우에 나타나는 동기 유발 효과를 의미한다.
	다양성	교수의 요소를 변화시켜 학습자의 흥미를 유지하는 것으로 교수 사태의 전개 순서상의 변화를 의미하거나 정보가 조작되고 제시되는 방식의 또 다른 측면을 의미한다.
관련성	목적지향성	학습자가 이미 알고 있거나 가지고 있는 지식, 정보, 기술, 가치 및 경험에 바탕을 두고 새로운 과제를 제시한다.
	모티브일치	수업의 목표와 유용성을 제시하는 진술이나 예문을 제공하고 성취를 위한 목표를 제시하거나, 학습자들이 그 목표를 정의하게 한다.
	친밀성	학습자들의 동기 유발 측면과 결합되는 교수전략을 사용한다. 이 전략은 학습장의 성취욕구와 친화(Affiliation)의 욕구를 중시한다.
자신감	학습기대감	수행에 필요한 조건과 평가기준을 제시함으로써 학습자가 성공에 대한 기대감을 증가시킨다.
	성공확신	학습과정과 수행조건에서 의미 있는 성공의 경험을 할 수 있는 정도롤 도전감을 제공한다.
	개인적통제	성공에 대한 '개인적 통제'를 제공하는 기법을 활용함으로써 성공에 대한 기대감을 증가시킨다.
만족감	내재적 강화	실제모의 상황에서 새롭게 획득한 지식이나 기능을 사용해 볼 수 있는 기회를 제공한다.
	외재적 보상	바람직한 행동을 계속 유지할 수 있는 강화와 피드백을 사용한다. 이는 행동주의의 원리를 반영한 것으로 외적 보상을 강조한다.
	공정성	학업성취에 대한 기준과 결과가 일관성 있게 유지되어져야 한다는 것으로, 학업수행에 대한 판단을 공정하게 함과 동시에 성공에 대한 보상이나 기타 강화가 기대한 대로 주어져야 함을 암시한다.

※ 출처: Keller & 송상호(1999). 매력적인 수업설계. 서울: 교육과학사.

본 연구에 있어서 e-Learning기반 교육시스템의 학습만족도를 위한 동기유발요인 연구에 ARCS 모형을 적용하여 연구모형을 재구조화하려고 한다. 동기유발모델을 개발한 Keller(1984a; 1984b; 1987)는 특히 정보시스템을 이용한 교육에서의 동기유발 가능성과 피드백 제공 정도 등의 요인을 교육의 효과를 극대화하기 위해 필요한 주요 요인이라고 주장하였다. Choi(1996)도 동기를 강조하였고, 요인의 범주는 다르게 구분하였지만 정인성과 최성희(1999)도 학습자 요인의 범주에서 개인의 동기를, 설계요인으로서의 상호작용을 주요 요인으로 제기하였다. Sharp(2002)와 임정훈(1998)은 학습효과에 영향을 미치는 요인으로 피드백의 유무를 중요한 기준으로 제시하였다.

2. ARCS 동기전략의 정의

가. e-Learning 교육시스템의 주의력에 대안 정의

학습자의 흥미를 사로잡고, 학습에 대한 호기심을 유발하는 것으로, 학습 경험에 대한 자극과 재미 측면을 고려해야 한다. 학습자가 교육 과정이 끝날 때까지 주의를 지속할 수 있도록 하기 위해 새롭고 놀라운 것(호기심, 지루함, 감각적인 추구 등의 통합적 개념)을 제공하고, 학습자에게 적절한 변화를 통해 흥미를 유발함으로써 탐구하는 학습 자세와 이를 통해 주의 집중을 유지할 수 있도록 하는 전략을 세운다. 예를 들면, 학습자의 정서적·개인적 정보를 활용하거나, 학습자에게 질문을 던져 지적 도전심을 유발하는 것이라든가,

그래픽·그림을 활용하여 학습 내용의 초기에 학습자의 주의 집중을 모으는 것 등이 있다. 또한 학습자들에게 개별적으로 느껴지는 내용을 보냄으로써 해당 과정에 관심과 집중을 보이는 방법을 활용할 수도 있다.

따라서 위의 선행연구들을 바탕으로 본 연구에서는 ARCS e-Learning 교육시스템의 주의력 요인에 속하는 변인으로 지각적 각성과 탐구적 각성, 다양성을 설정하고, 그 개념을 각각 '수업 시 학습자의 흥미 유도를 위한 방법 정도', '학습자의 학습 탐구 태도의 유발 정도', '학습자의 주의집중을 지속 정도'라고 정의하기로 한다.

나. e-Learning 교육시스템의 관련성에 대안 정의

학습자의 학습에 대한 필요와 학습 경험에 대한 가치를 학습자 입장으로 최대한 높여 주는 것으로, 학습자의 필요에 맞는 학습 내용과 방법, 활동을 설계하도록 하는 것이다. 또한 관련성은 학습자에게 '얼마나 가치 있는 학습을 전달할 수 있는가?' 하는 질문을 던짐으로써 주의 집중 후 학습자와 관련 있는 학습 내용의 구성을 통해 학습자가 학습 활동과 개인의 관심 사항의 관련성을 발견할 수 있도록 해준다. 따라서 학습자의 참여 동기를 증가시키기 위해 학습 전개 시 학습자와의 관련성을 강조해야 하는데, 예로 학습자 개인이 관심을 가질 만한 실제적인 사례를 제공하며, 많은 대화 채널을 활용한다. e-Learning에서의 적용을 위해서는 학습 내용이 학습자의 업무에 어떻게 관련되는지를 보여 주어 실제 상황의 시나리오를 가진 교육 과정을 꾸밈으로써 그 자료가 왜 학습자에게 중요한지를 증명하며, 학습자들의 학습 스타일에 적합하도록 설계한다.

관련성의 하위항목에는 학습자의 학습욕구를 충족하는 목적지향성, 학습 내용과 학습 양식, 개인적 흥미를 연결하는 모티브일치, 학습 진행 시 학습자의 경험을 활용하는 친밀성으로 구성되어 있다(Song, 1998).

e-Learning 은 가상의 공간에서 운영되는 과정이기 때문에 담당자의 적절한 운영 및 관리가 이루어지지 않는다면 그 공간은 유명무실한 공간으로 전락하기 쉽다(정재삼·임규연, 2000).

그러므로 우선 전체적인 시스템 및 운영상황에 대한 관리가 필요하며 교과의 개설 및 운영, 학습자 지원 및 강사의 관리 등에 대한 총체적인 지원이 필요하다.

CETDE(Center for Educational Technology and Distance Education; 1997)에서는 가상 원격교육의 운영을 총체적으로 점검하는 거시적인 틀을 제시하였다. 이에 따르면 가상원격교육체제의 질 관리를 위한 요소들은 조직관리 체계, 물리적 환경, 교육환경, 기술 인프라, 인적 자원, 지원체제로 구성되는데, 이 중에서도 중요한 구성요소로 언급되고 있는 지원체제에는 학사업무 및 행정지원, 학습자원 지원 등이 포함된다.

인터넷의 교수도구로서의 활용도와 장점은 학습자들 사이의 상호작용과 사회적 통합성이라고 하였다(Anderson & Harris, 1997). 웹을 통한 가상적 사회의 형태를 규정하고자 한 Moller(1998)의 연구에서는 온라인 학습을 통해서 학술적 집단(academy community), 지적 집단(intellectual community), 대인관계 집단(interpersonal community)의 세 가지 서로 다른 집단이 형성된다는 것을 보고하고 있다. 학술적 집단은 학습자와 강사 사이에서 발생하며 지적 집단은 동료 학습자들 사이에서, 대인관계 집단은 상호간의 도움과 격려를 통해 형성된다.

Gunawardena와 Zittle(1997), Kanuka와 Anderson(1998)는 모두 웹 기반 교육에서의 사회적 통합, 대인접촉, 사회적 존재감(social presence)의 형성 등이 매우 중요한 요인이라는 것을 지적하고 있다. e-Learning은 학습자에게 다양한 종류의 커뮤니케이션에 참여할 수 있게 함으로써, 교육훈련 과정에서의 학습자의 참여정도를 높이고 만족감을 높여 높은 학습성과를 가져올 수 있다(인가진, 2001).

따라서 위의 선행연구들을 바탕으로 본 연구에서는 ARCS e-Learning 교육시스템의 관련성 요인에 속하는 변인으로 목적지향성과 모티브일치, 친밀성을 설정하고, 그 개념을 각각 '학습자의 학습욕구 충족 정도', '학습 내용과 학습자의 학습양식, 개인적 흥미와의 연결 정도', '학습 진행 시 학습자의 경험활용 정도'라고 정의하기로 한다.

다. e-Learning 교육시스템의 자신감에 대한 정의

자신감은 학습자 자신이 학습 진행을 적절하게 통제함으로써 학습과정을 성공으로 이끌어내기 위해 필요한 측면이다. 교수자는 학습자가 성공에 대한 기대감을 가지고 학습에 적극적으로 참여하도록 학습자에게 달성 가능한 적절한 목표 수준을 설정해 주어야 한다. 따라서 학습자의 능력과 노력 여부, 과제의 난이도에 따라 학습자가 자신감을 조절할 수 있도록 전략을 세운다. 자신감을 높이기 위해서는 자주 학습 내용을 요약 및 검토하고, 다양한 상호작용이 가능하도록 학습자들에게 많은 기회를 제공한다.

따라서 위의 선행연구들을 바탕으로 본 연구에서는 ARCS e-Learning 교육시스템의 자신감 요인에 속하는 변인으로 기대감과 성공확신, 개인적 통제를 설정하고, 그 개념을 각각 '학습에 대한 긍정적 기대감 정도', '자신의 역량에 대한 믿음을 향상시킬 수 있는 학습 경험 제공 정도', '학습자 자신의 노력으로 학습에 성공하도록 유의한 선택권 부여정도'라고 정의하기로 한다.

라. e-Learning 교육시스템의 만족감에 대안 정의

수업에서 잘 배우고 수행하여 성공적인 결과를 가진다면 기쁠 것이다. 그러나 언제나 만족감을 느끼는 것은 아니다. 학습자들이 학습경험에 대해 전반적으로 긍정적인 만족감을 가지도록 하기 위해서는 '학습경험에 대한 학습자들의 내재적 즐거움을 어떻게 격려하고 지원할까'에 관련된 내재적 강화, '학습자의 성공에 대한 보상으로 무엇을 제공할까'에 관련된 외재적 보상 그리고 '공정한 처리에 대한 학습자들의 지각을 어떻게 만들어 줄까'에 관련된 공정성의 조건들이 부합되어야 한다(Keller & 송상호, 1999).

e-Learning 과정에서는 자신감 향상을 위하여 동료 학습자들과의 원활한 커뮤니케이션과 학습 결과에 대한 적당한 보상 등이 필요하고, 인터넷 환경에 적절한 과제를 개발함으로써 학습자 간의 협동을 촉진하는 것이 중요하다.

따라서 위의 선행연구들을 바탕으로 본 연구에서는 ARCS e-Learning 교육시스템의 만족감 요인에 속하는 변인으로 내재적 강화와 외재적 보상과 공정성을 설정하고, 그 개념을 각각 '학습 경험에 대한 학습자의 내재적 만족에 대한 강화 정도', '학습 결과에 대한 보상 정도'라고 정의하기로 한다.

3. ARCS 모델 기반 설계전략

Keller(1983)의 ARCS 이론은 동기에 관한 기존의 각종 이론 및 연구들을 종합하여 체계화시킨 것으로, 학습－교수 상황에서 학습동기를 유지시키기 위한 동기 설계의 전략들을 제공하고자 하였다(Keller, 1983).

본 논문에서 사용한 설계 방법으로 학습자의 동기유발, 유지와 관련된 부분을 중심으로 Keller(1984a)의 ARCS원리(Keller & Burkman, 1993)를 적용한 설계전략에 대한 구성요소와 적용사례를 제시하면 다음 [그림Ⅱ－1]과 같다.

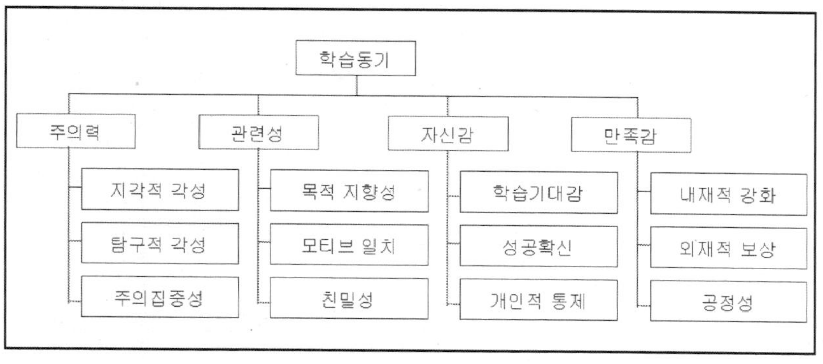

[그림 Ⅱ－1] ARCS모델의 동기유발 하위전략

가. 주의력을 높이기 위안 e-Learning 교육시스템 설계 방법

(1) 지각적 각성

ARCS e-Learning 교육시스템의 멀티미디어적 특성은 학습자의 지각적 관심을 끌기에 유용하다. 본 수업에서는 학습자의 지각적 관심을 끌고 학습으로 유도하기 위하여 메인화면을 눈에 띄는 색깔로 구성하고 학습의 개요와 학습 진행과정을 소개하는 전달 메시지를 메인페이지를 통해 제시하여 학습자의 동기유발을 도모하였다.

(2) 탐구적 각성

각 수업의 내용을 소개할 때, 수업에 대한 좀 더 깊은 관심을 유도하고 의문을 통한 탐구학습에 대한 태도를 자극하기 위하여 학습주제를 문제형으로 소개하거나, 호기심을 자극하기 위해 과거의 경험과 모순되는 사실적 정보, 역설적인 예, 예기치 못한 견해, 유머를 사용하려고 시도하였다. 예를 들면 "홈페이지에서 이미지위에 마우스를 가져다대면 나타나는 글씨는 어떻게 만들었을까?"라는 문제제시로 학습자들의 학습에 대한 호기심을 자극하였다. 여러 홈페이지에서 많이 사용하는 디자인을 예시로 그 수업에 배워야할 학습과 연관시켜 "어떻게 만들어졌을까?"에 대한 질문을 제시에 학습에 대한 호기심을 자극하는 것이다.

(3) 다양성

본 사례에서는 제시방법을 다양화함으로써 주의를 지속시킬 수 있도록 하였다. 순서를 다양화하여 예를 제시하고 예를 들어, '설명-

예 - 연습’, ‘연습 - 설명 - 예’, ‘예 - 설명’, ‘설명 - 예’, ‘예 - 설명 - 예’ 등의 방법을 사용하여 제시 순서를 다양화하여 호기심과 관심을 유도하도록 한다. 또한 기존강의 수업에서처럼 교사에 의한 주입식 위주의 지식정보의 직선적인 전달보다는 다양한 메뉴 사용, 즉 토론방, 질의응답, 공지사항, 자료실, 친구들의 얼굴보기 등을 활용하여 학습 과정에 학습자가 참여할 수 있는 다양성을 제시한다.

나. 관련성을 높이기 위한 e - Learning 교육시스템 설계 방법

ARCS e - Learning 교육시스템은 인터넷에서 이루어지는 것인 만큼 지속적인 학습을 성공적으로 마치기 위해서는 학습자의 관심과 밀접한 관련이 있는 것을 선택하도록 한다. 학습자가 관심 있어 하는 것을 근거로 하여 목적 지향성을 유도하기 위해서 수업이 앞으로 학생들의 목적과 어떻게 관련이 있는지를 명백하게 설명해준다. 또한 교육내용이 적절하다고 인식할 수 있도록 학생들의 현재 또는 미래에 사용할 수 있는 영역과 관련 있는 예와 연습을 사용한다.

(1) 목적 지향성

ARCS e - Learning 교육시스템을 통한 수업뿐만 아니라 모든 수업에서는 수업 초기에 수업계획안을 통하여 학습자들에게 수업의 목표를 제시해 주고 있다. 웹기반 가상학습에서는 원격교육에서 이루어지는 것인 만큼 지속적인 학습이 이루어지게 하기 위해서 매 소단원의 교과목표를 각 단원마다 학습방에 따로 제시하여 준다. 또한 학습자들은 이 수업을 통해서 얻고자하는 것, 바라는 것을 첫 시간에 각자가 토론방에 올리도록 함으로써 학습자는 본 수업을 통하여 스스로 무엇을 원하는지를 생각해보고 확인할 수 있을 뿐만 아니라 교수자도 학습자들 이 원하는 것을 파악할 수 있는 요구분석의 기회가 될 수 있도록 하였다.

공지사항을 통해서는 학습자가 본 수업으로 성공적으로 이수할 수 있도록 교수자가 웹기반 교육 운영지침, 과제, 및 토론의 주제 등 계속적으로 공지하여 학습자가 무엇을 해야 하는가의 방향을 제시하도록 한다.

(2) 모티브 일치

홈페이지를 만들기 전 학습과제를 자신이 관심 있어 하는 분야가 무엇인지를 알아보도록 하였다. 테마가 있어야 홈페이지를 작성하기가 훨씬 수월하기 때문이다. 또한 자신이 관심 있어 하는 분야의 홈페이지는 주로 어떻게 작성되어 있고 추천할 만한 홈페이지 몇 개를 토론방에 올려놓도록 한다. 홈페이지 작성 시 학습자들의 흥미와 관심이 반영된 홈페이지를 만들도록 하여 가상학습과 학습자 자신과의 관련성이 증진되도록 한다. 이 관련성 증진은 학습자들의 동기를 증진시킬 수 있을 것이다.

(3) 친밀성

ARCS e-Learning 교육시스템은 가상의 공간에서 이루어지기 때문에 자칫하면 학습자와 교수자가 서로 소월해질 수 있으며 ARCS e-Learning 교육시스템에서의 가장 큰 문제점인 중도 탈락이 나타날 수 있다.

ARCS e-Learning 교육시스템에서의 수업은 따뜻하고 우호적이며 협력적인 분위기를 만들어 중도에 탈락하는 학생이 없도록 노력하였다. 이를 위해 학습자가 친구얼굴보기를 클릭하면 학습자들이 교수자나 다른 학습자의 사진과 자기소개를 볼 수 있도록 구성하였다. 서로가 사진을 통하여 친밀해질 수 있는 기회를 제공하도록 하기 위한 것이다. 이 작업은 수업을 진행하기 이전에 자신의 사진과 함께 동료들에게 자신을 소개할 수 있는 기회를 갖게 하였다.

수업이 시작된 후에는 학습자들끼리 매우 자유로운 상호작용이 이루어지도록 한다. 또한 교수자는 질의응답이나 토론방을 통해 학습자들의 학습이 잘 이루어질 수 있도록 자주 격려해 줄 수 있으며 학습자들은 ARCS e-Learning 교육시스템의 수업에 대한 자신의 생각도 올려주어 학습자들 간의 친밀성을 높일 수 있는 기회가 되도록 하였다.

다. 자신감을 높이기 위안 e-Learning 교육시스템 설계 방법

(1) 학습 기대감

학습의 필요요건은 학습을 성취하기 위하여 필요한 요건과 평가의 기준을 사전에 알려주어서 학습성취 평가에 대한 신뢰와 긍정적인 기대감을 갖도록 하는 것이다. 공지사항 메뉴를 이용하여 학습의 운영지침, 과제 및 퀴즈 등을 계속적으로 공고한다. 여기에서는 웹 제작 단원의 마지막 과제인 홈페이지 만들기의 평가기준을 공지사항에 게재했다. 공지사항 메뉴는 교수자만이 글의 등록과 삭제가 가능하여 학습자에게 학습 목표와 수업내용의 전체 구조를 명확하게 제시할 수 있도록 하고, 평가방향을 제시할 수 있도록 한다. 결국, 학습자들은 학습을 성공적으로 이루기 위해서 무엇을 해야 하는지를 지속적으로 알게 됨으로써 자신감을 형성할 수 있는 기회를 제공받도록 한다.

(2) 성공확신

성공확신이란 학습을 성공적으로 수행할 수 있는 것을 증가시키기 위하여 다양하게 여러 번에 걸쳐 학업성취 경험을 습득하도록 함으로써 자신의 능력에 대한 믿음을 증가시키는 것이다. 웹기반 교육에서 수업은 소단원별로 학습단위를 가능한 작게 세분화하여 왼쪽 메뉴를 만들었다. 매 소단원별 학습자에게 형성평가를 제시하고 각각의 반응에 신속한 피드백을 주어 학습자에게 성취감을 갖도록 해준다.

학습자가 토론방이나 게시판, 질의응답에 메시지를 올릴 경우에도 참여가 평가와 연관된다는 것을 인지시키고 올바른 수행에 대해서 확실한 피드백을, 기준에 도달하지 못한 수행에 대해서는 교정적인 피드백을 제공함으로써 학습자가 자신감을 갖도록 도와준다. 또한 내적 일관성의 설계원리를 사용하여 교수목표, 학습내용 및 연습을 성취평가와 일치시킨다. 이로서 학습자가 성적을 받는 것이 행운에 의한 것이 아니라는 것을 믿도록 도와주고 자신의 노력과 능력에 근거하여 성공할 것이라는 가능성을 정확하게 예측하도록 해준다.

본 ARCS e-Learning 교육시스템에서는 학습자들이 자신의 관심 있는 분야의 홈페이지를 토론방에 올리거나 다른 학습자들이 만든 홈페이지에 대한 의견 올리기를 성적에 포함시켰다.

(3) 개인적 통제

개인적 통제란 학습자 스스로 통제할 수 있는 방법을 사용하여 성취가 학습자의 노력에 의한 것임을 알게 해주는 것이다. ARCS e-Learning 교육시스템기반 수업의 가장 큰 장점은 자신의 속도로 학습할 수 있다는 것이고 결국 자기 주도적 학습능력을 요구한다.

학습자는 학습도중 필요한 자료는 자료실에서 찾을 수 있도록 하였다. 또한 어느 화면에서나 앞에서 공부한 부분으로 되돌아가거나 원하는 메뉴를 선택할 수 있도록 하였다. 질의응답을 통해서는 강의 내용에 관한 의문점들을 학생들끼리 서로 자율적으로 의견을 교환하여 학습할 수 있도록 한다.

라. 만족감을 높이기 위안 e-Learning 교육시스템 설계 방법

(1) 내재적 강화

과제를 학습자가 배운 것을 실제적으로 적용해봄으로써 의미 있는 지식습득의 기회를 가질 수 있도록 홈페이지를 만들도록 하였다. 학습자들이 배운 내용과 실생활의 연계성을 인지할 수 있도록 한다.

(2) 외재적 보상

e-Learning 교육시스템에서 긍정적 결과에 대한 강화는 필수적이다. 즉 서로 얼굴을 보지 못한 학습 상황에서는 글로서 학습자에게 칭찬과 같은 의미 있는 강화가 꼭 필요하다. 질의응답에 학습자가 다른 학습자의 질문에 답변을 하면 긍정적인 피드백을 준다. 긍정적

인 피드백을 해줌으로써 그 문제를 더 심도 있게 공부할 수 있도록
격려한다. 각 학생들의 다른 친구들의 홈페이지에 대한 평가를 끝낸
후에는 자신의 홈페이지에서 미약했던 부분을 다시 한번 짚어보게
하고 학습자와 교수자가 함께 뽑은 우수 홈페이지를 발표해 줌으로
써 성공적인 학습자에게 긍정적 강화를 해준다.

(3) 공정성

공정성 강조의 전략은 수업목표와 내용의 일관성 유지와 연습과
평가 내용의 일치를 뜻하며 학습자의 기대, 성취평가, 보상사이에 공
정한 관련성을 제공하는 것을 의미한다. 본 e-Learning 교육시스템
기반 교육에서는 공정성 강조를 위해 첫째, 수업 목표와 각 단원별
학습내용이 성취평가와 연관되도록 하며 둘째, 학습자가 자신의 학
업성취를 여러 경로를 통해서 표현하고 평가받을 수 있도록 다양한
형태의 평가를 실시한다.

본 수업이 면대면 수업이 아니라 사이버 공간에서 이루어지는 e-
Learning 교육기반 수업이라는 점에서 평가의 신뢰도를 증진시키고
자 탐구과제를 통한 홈페이지 만들기, 관련 웹사이트 검색 평가, 친
구들의 질의에 대한 응답 기여도 평가 등을 여러 가지 방면으로 평
가한다. 셋째로는 이와 같은 평가방법과 평가준거를 미리 설정하고
학습자에게 사전에 공지해 학습자는 자신이 어떻게 평가 받을지에
대해 숙지하게 하여 평가의 공정성을 기하도록 한다.

C. 자기효능감에 관한 연구

　　자기효능감은 넓게는 자아개념이라고 할 수 있는 것으로 자기 자신의 능력에 대한 감정을 자기효능감(self-efficacy)이라고 하여 최근에는 자기효능감이 학습에도 크게 영향을 미친다고 한다(박아청, 2003). 각 개인들은 자신의 삶에 영향을 미치는 사건들을 통제하기 위하여 노력해 왔다.

　　통제할 수 있는 영역에 영향을 미치려는 노력에 의해서, 보다 더 바람직한 미래를 실현하고 바람직하지 않는 미래를 막을 수 있기 때문이다. 만일 자신의 행동에 의해서 바람직한 결과를 산출할 수 있다는 믿음이 없다면 사람들은 행동하지 않을 것이다. 따라서 자기효능감에 대한 신념은 행동의 주된 근원이며, 각 개인의 삶은 이러한 자기효능감에 대한 신념에 의해서 유도된다(Bandura, 1997a).

　　자기효능감에 대한 판단은 개인이 자신의 행동과 환경을 선택하는데 영향을 미치므로 자기효능감이 높은 사람은 자신이 대처할 수 없다고 생각되는 행동이나 상황은 피하고, 도전적이며 통제할 수 있는 행동과 상황을 선택한다. 또 자기효능감이 높은 사람은 자신에게 유리한 환경을 조성하고, 환경적 변화에 유연하게 대처할 수 있다.이와 같은 선택적 과정을 통해 개인의 동기, 정서, 행동의 결정에 영향을 미치며, 개인은 끊임없는 선택적 과정을 통해 행동이나 태도의 방향을 결정해 나간다(김의철, 1999).

　　자기효능감은 행동에 투여되는 노력의 양과 혐오경험을 무릅쓰고 행동이 지속되는 정도를 결정한다. 자기효능감이 강하면 강할수록 노력의 양과 지속성은 증대된다. 스스로 무능하다고 생각하는 사람들은 실제 이상으로 개인적인 결함에 집착하고 잠재적인 곤란을 상상하기 때문에 과제수행에 방해를 받으며 과제에 적절한 주의와 노력을 기울이지 못한다. 또한 어려운 과제를 피하고 쉬운 과제를 선호한다(박아청·신연희, 2003).

또한 자기효능감은 또 하나의 동기의 원천인 적극적인 목표의 설정이다. 어떤 사람이 설정한 목표는 성취결과를 평가하기 위한 그의 기준이 된다. 이때 자기효능감이 그가 도달하고자 하는 목표에 또한 영향력을 행사하게 된다. 그가 목표를 향해 일을 해 나갈 때, 그의 가능한 긍정적인 성공결과와 부정적인 실패결과를 상상한다. 그리고 그가 설정한 기준에 부합될 때까지 계속해서 노력하는 경향이 있다. 설정한 목표에 도달하게 한 미래를 실현하고 바람직하지 않는 미래를 막을 수 있기 때문이다. 만일 자신의 행동에 의해서 바람직한 결과를 산출할 수 있다는 믿음이 없다면 사람들은 행동하지 않을 것이다. 따라서 자기효능감에 대한 신념은 행동의 주된 근원이며, 각 개인의 삶은 이러한 자기효능감에 대한 신념에 의해서 유도된다(Bandura, 1997a).

자기효능감에 대한 판단은 개인이 자신의 행동과 환경을 선택하는데 영향을 미치므로 자기효능감이 높은 사람은 자신이 대처할 수 없다고 생각되는 행동이나 상황은 피하고, 도전적이며 통제할 수 있는 행동과 상황을 선택한다. 또 자기효능감이 높은 사람은 자신에게 유리한 환경을 조성하고, 환경적 변화에 유연하게 대처할 수 있다.이와 같은 선택적 과정을 통해 개인의 동기, 정서, 행동의 결정에 영향을 미치며, 개인은 끊임없는 선택적 과정을 통해 행동이나 태도의 방향을 결정해 나간다(유효현, 2000).

자기효능감은 행동에 투여되는 노력의 양과 혐오경험을 무릅쓰고 행동이 지속되는 정도를 결정한다. 자기효능감이 강하면 강할수록 노력의 양과 지속성은 증대된다. 스스로 무능하다고 생각하는 사람들은 실제 이상으로 개인적인 결함에 집착하고 잠재적인 곤란을 상상하기 때문에 과제수행에 방해를 받으며 과제에 적절한 주의와 노력을 기울이지 못한다. 또한 어려운 과제를 피하고 쉬운 과제를 선호한다(이인숙, 2003).

또한 자기효능감은 또 하나의 동기의 원천인 적극적인 목표의 설정이다. 어떤 사람이 설정한 목표는 성취결과를 평가하기 위한 그의 기준이 된다. 이때 자기효능감이 그가 도달하고자 하는 목표에 또한 영향력을 행사하게 된다. 그가 목표를 향해 일을 해 나갈 때, 그의 가능한 긍정적인 성공결과와 부정적인 실패결과를 상상한다. 그리고 그가 설정한 기준에 부합될 때까지 계속해서 노력하는 경향이 있다. 설정한 목표에 도달하게 되면 잠시 이에 만족할 수는 있지만, 자신의 기준을 높이고 새로운 목표를 설정하는 경향이 있다. 그러므로 자기효능감이란 애매하고 예측하기 어렵고 스트레스가 있는 상황에서 자신의 행동을 얼마만큼 잘 조직하고 효력이 있게 할 수 있는가에 대한 판단이다. 이러한 자기효능감은 어려움에 직면해 있을 때, 행동의 선택, 노력 및 끈기에 영향을 주게 된다고 가정하고 있다(이인숙, 2003).

Bandura(1997a)는, 자기효능감은 결과기대(outcome expectancy)와 구별되어야 한다고 주장하는데, 결과에 대한 기대감은 특정한 행동 후의 결과에 대한 믿음이기 때문에 후견(後見, afterthought)의 개념이고 효능성에 대한 기대는 앞으로 수행할 행동이 성공적일 것이라는 데 대한 확신이기 때문에 선견(先見, forethought)의 개념이라고 한다.

사람들은 과거 경험에 비추어서 선견, 즉 효능기대를 설정하여 동기를 유발시키고 행위를 예상한다. 그리고 행위를 하고 난 후에 결과에 대해 예상하기 때문에 두 가지 기대는 구분되어야 한다는 것이다.

이러한 효능성에 대한 기대는 성취상황에서 개인으로 하여금 활동을 선택하고, 노력을 투여하고, 어려운 상황에서도 끈기를 보이는 정도에 영향을 미친다. 효능성에 대한 기대가 긍정적이고 클수록 그 개인은 과제수행을 할 때 희망과 확신을 가지고 적극적으로 임하고 어려움이 있을 때도 많은 노력을 투여하고 더욱 끈기 있게 매달릴 것이다(온기찬, 2003).

Bandura(1997a)는 동기를 목표지향적 행동이라고 보는데, 그 행동은 여러 행위들의 예견된 결과와 자기효능감(self-efficacy)에 관한 사람들의 기대에 의해 유발되는 것이다. 사람들이 목표와 현재의 수행(performance) 사이에 차이가 있다는 것을 알게 되면 변화에 대한 유인(誘因)이 생기게 되고, 목표를 달성하는 데 필요한 행동을 수행하기 위해 자기효능감이 요구되는 것이다.

또한, Bandura(1997a)는 자기효능감을 개인이 결과를 얻는 데 필요한 행동을 성공적으로 수행할 수 있는 기술에 대한 신념으로 정의하였다. 이러한 효능감에는 개인효능감과 집단 효능감이 있다. 개인효능감이란 주어진 목표달성에 필요한 행동과정들을 조직하고 실행하는 능력에 대한 개인의 신념과 관계가 있다. 이에 비해 집단효능감은 과제를 성취하기 위하여 요구되는 행동들을 조직하고 행하는 능력에 대한 집단의 공유된 신념이다. 이러한 효능감은 자기의 능력에 대한 신념뿐만 아니라 특수한 상황이나 사건들을 이해하고 예측하여 관리할 수 있는 능력이다. 이러한 통제의 유형은 직접적인 통제와 간접적인 통제가 자기 자신에 대해서 이뤄질 때 1차적 통제와 2차적 통제로 구분되며, 타인에 대해서 이뤄질 때 집단통제와 대리적 통제로 구분된다.

개인효능감과 관련된 관점으로는 자기개념(self-concept), 자기존 중감(self-esteem), 효과동기(effective motive) 등등이 있으며, 자기효능감의 원천으로서 Bandura(1997a)는 효능감이 성공경험, 대리적 경험, 언어적 설득, 생리적 상태 및 정서적 상태와 같은 네 가지 요소에 의해서 영향을 받아 형성된다고 보았다.

본 연구에서는 자기효능감을 "학습자가 수행을 위해 요구되는 행위를 조직하고 실행해 나가는 자신의 능력에 대한 판단"이라고 한 Bandura(1997a)의 정의를 기초로 하여, 특정 과제 수행에 대한 효능감에 국한시키는 것이 아니라 개인의 수행과 관련된 다양한 과거의 성공이나 실패경험은 그 개인이 어떤 과제에 임할 때 자신이 어느 정도 그 과제 수행에서 효율적일 수 있을 지를 예측할 수 있도록 하는 것이기 때문에 일반적으로 자기효능감도 수행수준을 예측할 수 있는 동기변인으로 보고, 이러한 일반적 자기효능감이 자신감, 자기조절효능감, 과제난이도선호의 세 가지 하위요인으로 구성되었다고 가설화한 김아영(1998)의 견해를 수용하여 "자기효능감이란 학습자가 수행을 위해 요구되는 행위를 조직하고 실행해 나가는 자신의 능력에 대한 판단"이라고 개념화하며 그 하위요인인 '과제난이도 선호'는 '주어진 과제를 성공적으로 수행해 낼 수 있을지에 관한 스스로의 확신이며, 자신의 능력에 비하여 쉬운 과제보다는 노력을 투자

하면 성취할 수 있다고 판단되는 어려운 과제를 더 선호한다'라고
개념화하여 연구하였다.

1. 컴퓨터 자기효능감

컴퓨터 자기 효능감이란 컴퓨터를 활용하여 정보를 수집하는 데 자
신감을 느끼는 정도를 의미하며, 변수의 측정은 Bandura(1977a, 1977b)
의 연구에 기반을 두고 Ajzen(1985), Compeau와 Higgins(1995a)의 연
구에서 인용하였다.

컴퓨터 자기효능감은 정보기술에서 부분적인 기술에 해당하는 것
들, 예를 들어 워드프로세서에서 문서 레이아웃을 설정하는 방법이나
글씨를 화려하게 장식하는 방법과 같이 기술 그 자체에 대한 자기효
능감이 아니라 데이터 분석을 위해 스프레드쉬트를 사용한다든지 자
신이 필요한 데이터를 관리하기 위해 데이터베이스 관리 시스템을
사용하는 것 또는 학습을 위해 e-Learning 시스템을 사용하는 것
등과 같이 어떤 일에 필요한 컴퓨터 수행 능력을 의미한다(Compeau
& Higgins, 1995a; 이웅규·이종기, 2003). 그러므로 지식을 공유하
기 위한 툴인 컴퓨터에 대하여 두려움을 갖는다거나 편안함을 느끼
지 못한다면 컴퓨터를 활용한 지식공유나 지식관리시스템의 구축은
더 이상 쓸모가 없게 된다(O'Dell & Grayson, 1998). 또한 컴퓨터
사용에 대한 만족감은 지식을 공유하려는 의도에 유의한 영향을 미
칠 것이다. 그리고 Thatcher와 Perrewe(2002)는 컴퓨터 우려가 컴퓨터
자기효능감에 부의 영향을 미치고 정보시스템에 대한 개인의 혁신성

은 정의 영향을 미친다고 보고하고 있다. Ertmer, Evenbeck, Cennamo, 그리고 Lehman(1994)은 체육과에서의 컴퓨터를 활용한 수업에 참여한 32명의 학생을 대상으로 컴퓨터에 대한 자기효능감의 영향에 대해 조사하였다. 학습자의 컴퓨터에 대한 자기효능감 설문지를 사전, 사후로 측정하였고, 교수자와 e-mail로 의사소통하는 집단, 워드 프로세싱 노트를 이용한 집단, 필기노트를 이용한 집단 등으로 구분하여 실험하였다. 실험 중 e-mail과 워드프로세싱을 이용한 조건의 교수-학습자 사이에 상호작용이 지속적으로 활발하였다.

한편 컴퓨터 자기효능감 문헌 연구에서 Marakas, Yi, 그리고 Johnson(1998)은 컴퓨터 자기효능감에 대하여 행동적, 지각적 그리고 환경적 영향에 대한 연구 결과 컴퓨터 우려가 컴퓨터 자기효능감과 중요한 상관관계가 있음을 제안하고 있으며, 컴퓨터 자기효능감과 관련한 실증 연구는 <표 Ⅱ-5>에 정리한다.

〈표 Ⅱ-5〉 컴퓨터 자기효능감 모형을 지원하는 실증연구

선행연구	대표적인 연구	결과 변인	대표적인 연구
만들어진 숙달성 -이전의 성공/실패 -패턴/성공률	Bandura, 1977b Wood와 Bandura, 1989	수반되는 방향에의 경향 스스로 세우는 목표수준	Carlson와 Grabowski, 1992 Bandura와 Cervone, 1986
과제특성	Cervone와 Peake, 1986	목표 몰입수준	Locke와 Latham, 1984
지각된 노력	Bandura et al, 1977	노력의 크기	Bandura와 Schunk, 1981 Schunk, 1989
상황후원	Bandura et al, 1977	지속의 수준	Bandura와 Schunk, 1981

선행연구	대표적인 연구	결과 변인	대표적인 연구
피드백의 정도와 질	Dowrick, 1983	감성에 대처하기	Lent와 Brown, Larkin, 1986
감성의 환기	Kavana와 Bower, 1985 Lazarus와 Folkman, 1984	컴퓨터 우려	Glass와 Knight, 1988
대리 경험	Bandura, 1977c, 1986		
언어적 설득	Bandura와 Cervone, 1986	자기효능감/성과관계에 대한 조절변인	Bandura와 Cervone, 1986
할당된 목표/기준점	Cervone와 Peake, 1986	성별	Miura, 1987
작업지향의 정도	Jorde-Bloom, 1988 Gist와 Mitchell, 1992	상황적 모호성	Fiedler와 Chemers 1982
		과제 모호성	Cervone, 1993
나이	Suls와 Mullen, 1982	시간	Mitchell, 1996 Mone, 1994
원인에 대한 기여	Schunk, 1995 Schunk와 Gunn, 1985		

※ 출처: Marakas, G. M., Yi, M. Y., & Johnson, R. D.(1998). The Multilevel and Multifaceted Character of Computer Self-Efficacy: Toward Clarification of the Construct and an Integrative Framework for Research, *Information Systems Research*, 9(2), 126-165.

2. 자기조절효능감

개인행동의 타당한 모형으로 널리 알려진 사회인지이론으로 유명한 Bandura(1986)는 다음과 같이 자기효능감을 정의하였다. 지정된 성과유형을 얻기 위해 요구되어지는 행동 과정을 조직하고 실행하기 위한 자신의 능력에 대한 자신의 평가이다. 이것은 기술과 관련된 것이 아니고 자신이 소유한 모든 기술로써 할 수 있는 것의 판단과 관련된 것이다. 즉 자기효능감이란 목표를 산출하기 위해 필요한 행동 과정을 조직화하고 실행할 수 있는 자기 능력에 대한 신념을 의미하고, 자기효능감은 개인에 대한 수행을 예측할 수 있는 중요한 변인이라 할 수 있다(Bandura, 1997a).

즉 자기조절효능감이 높은 학습자는 낮은 학습자에 비해 학습내용이 자신의 학습목표에 부합하는지 여부를 좀 더 민감하게 평가할 것이고 반면에 자기조절효능감이 낮은 학습자는 높은 학습자에 비해 학습환경에 적응하고 익숙해지는 데에 더 관심을 가질 것이다.

ARCS e-Learning 교육시스템에서 자기조절효능감이 높은 학습자는 공부방법에 관심을 가질 것이며 공부 방법에 관심을 가지면 학습도구의 유용성에 관심을 가지고 이를 판단할 것이며, 자기조절효능감이 낮은 학습자는 사용용이성에 관심을 가지고 e-Learning 교육시스템의 주어진 도구와 도구의 사용법에 관심을 보이고 보다 손쉬운 접근과 사용법을 찾게 될 것이다.

Corno와 Mandinach(1983)은 자기조절학습을 학습자가 학습과제에 당면하여 수행해 내는 의도적인 계획이나 감찰 등 구체적인 인지활동으로 구성되어 있고 인지활동의 가장 상위의 형태라고 하였으며, 초인지적 접근을 대표하여 자기조절 학습의 5요소를 <표 Ⅱ-6>과 같이 제안하고 있다

<표 Ⅱ-6> 자기조절학습의 5요소

자기조절학습의 요소		구체적 활동
정보습득	주의(alertness)	주어지는 정보를 받아들이는 것
		정보의 수집 또는 추적
정보변형	선택(selectivity)	다양한 정보 간의 변별
		관련 있는 정보와 관련이 없는 정보의 구분
정보변형	연결(connecting)	기존지식의 탐색
		사전지식과 새로운 지식과의 연결
정보습득/ 변형	계획(planning)	과제수행의 과정 또는 순서의 조직
정보습득	감찰(monitoring)	주어진 정보와 변형된 정보의 계속적인 추적
		필요한 정보 또는 과정의 반복
		자기전검과 평가

※ 출처: Corno, L & Mandinach, E. B.(1983). The Role of Cognitive Engagement in Learning from Instruction. *Educational Psychologist*, 18, 88-108.

Ⅲ. 연구모형 및 가설설정

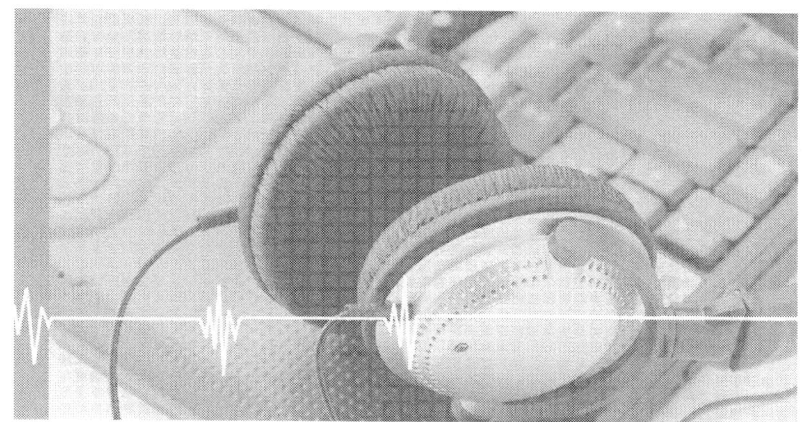

　이 장에서는 기존의 선행연구들에 대한 고찰을 통해 도출된 연구
모형과 연구가설을 제시함으로써 이후 실증분석의 토대를 마련하고
자 한다. 먼저 ARCS e-Learning 교육시스템의 연구모형을 제시한
후, 다음으로 선행연구를 토대로 독립변인, 매개변인, 조절변인, 종속
변인에 대한 가설을 제시한다.

A. 연구모형

　다음 연구모형의 구성은 학습참여도에 영향을 미치는 주의력, 관
련성, 자신감, 만족감의 외생요인과 학습자의 학습만족도와 학업성취
도에 직접적으로 영향을 미치는 매개요인인 학습참여도, 그리고 e-
Learning 학습에서 중시되는 학습자의 자기조절효능감과 컴퓨터 자
기효능감을 학습참여도에 영향을 미치는 요인들의 조절변인으로 구
성한다. 즉 자기조절효능감이 높은 집단과 낮은 집단의 두 집단으로
분류하여 집단별 차이를 분석하고, 컴퓨터 자기효능감도 높은 집단
과 낮은 집단으로 분류하여 집단별 차이를 분석하고자 한다. 본 연
구에서 조절변인의 제시는 ARCS e-Learning 교육시스템에서 자기
조절효능감과 컴퓨터 자기효능감의 중요성과 차별성을 강조하려는
뜻이다.
　또한 종속변인은 학습만족도와 학업성취도로 하며, ARCS e-
Learning 교육시스템의 학습만족도와 학업성취도에 관한 실증연구를
하고자 한다.

선행연구를 고찰한 결과 다음과 같은 가설들이 도출되었고, 이를
개념화한 연구모형은 다음 [그림 Ⅲ-1]과 같다.

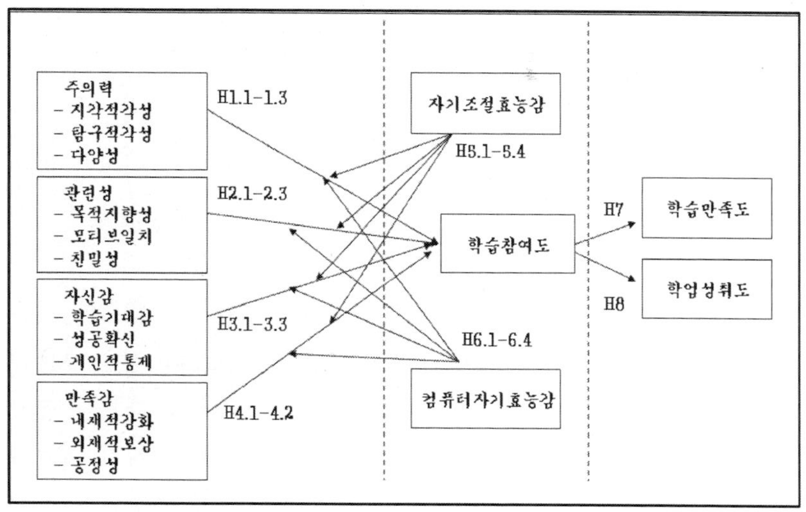

[그림 Ⅲ-1] 연구모형

B. 연구가설의 설정

본 절에서는 앞에서 제안된 연구모형의 구성개념을 통계적으로 검
증하기에 앞서 주요 요인들 간의 관계를 설명하기 위해 각 개념들에
대한 이론을 기반으로 가설을 설정하였다.

1. 독립변인에 관한 가설

가. 주의력 요인과 학습참여도의 관계에 대한 가설

가설 1. ARCS e-Learning 교육시스템 학습자의 주의력 요인은 학습참여도에 긍정적인 영향을 미칠 것이다.

주의력 요인의 하위 항목에는 학습자의 학습 탐구 태도의 유발을 위한 탐구적 각성, 학습자의 흥미유도를 위한 지각적 각성, 학습자의 주의 집중을 지속하게 하는 다양성으로 구성되어 있다.

학습자의 주의집중을 유발하는 것이 중요하지만, 더 중요한 것은 그것을 유지하는 것이다. 만약 교사가 학습자들에게 더 깊은 수준의 호기심을 깨우쳐 준다면, 그들은 단순히 감각을 자극할 때보다 훨씬 주의집중을 잘 할 것이다. 동기의 다른 구성요소들도 학습자 동기를 지속하는 데 물론 공헌하고 있지만, 호기심 각성의 개념은 중요한 요소이다. 지적 호기심은 학습자의 알고자 하는 욕구를 교사가 깨우쳐 주었을 때 나타난다(Keller, 1987). 따라서 탐구적 각성은 다음과 같은 가설이 성립한다.

가설 1-1. ARCS e-Learning 교육시스템 학습자의 주의력의 하위 요인 중 탐구적 각성은 학습참여도에 긍정적인 영향을 미칠 것이다.

사람은 자신의 환경에서 기대하지 않고 있던 외부 자극에 쉽게 혹은 자동적으로 반응한다. 따라서 새롭고, 놀라우면서, 기존의 것과 모순되거나 불확실한 사건이나 정보를 수업에 사용함으로써 학습자의 주의를 유발하고 유지하는 전략이다. 지각적 각성은 무언가 흥미로운 내용이 제시될 것이라는 학습자의 기대와 감각을 자극하여 주의집중을 불러일으킬 수 있는 전략이다(Keller, 1987). 교수자가 토론에 참여하여 조언을 해주고 방향을 제시하는 등의 활동이 학습자의 학습참여도를 촉진하기 위한 중요한 조건임을 확인할 수 있다. 따라서 지각적 각성은 다음과 같은 가설이 성립한다.

가설 1-2. ARCS e-Learning 교육시스템 학습자의 주의력의 하위요인 중 지각적 각성은 학습참여도에 긍정적인 영향을 미칠 것이다.

e-Learning은 기본적으로 컴퓨터를 활용한 네트워크를 기반으로 구성된 학습환경이므로 이에 대한 기본적인 지원환경이 구축되어야 한다(정재삼·임규연, 2000). 그러므로 개인용 컴퓨터의 성능과 소프트웨어가 구비되어 있어야 하는 것은 기본이며(강명희, 1994), 네트워크에 쉽게 접속할 수 있어야 하고 통신속도 또한 보장되어야 한다(조미헌 외, 2005). 이는 학습자의 주의 집중을 지속하게 하는 기본적인 바탕이 된다. 이러한 기본적인 지원환경이 구축되지 않으면 교육을 학습함에 있어 학습자의 흥미를 유발시키지 못하고, 주의력을 떨어뜨리게 된다. 따라서 다양성에는 다음과 같은 가설이 성립한다.

가설 1-3. ARCS e-Learning 교육시스템 학습자의 주의력의 하위요인 중 다양성은 학습참여도에 긍정적인 영향을 미칠 것이다.

나. 관련성 요인에 대한 가설

가설 2. ARCS e-Learning 교육시스템 학습자의 관련성 요인은 학습참여도에 긍정적인 영향을 미칠 것이다.

관련성의 하위항목에는 학습자의 학습욕구를 충족하는 목적 지향성, 학습 내용과 학습 양식, 개인적 흥미를 연결하는 모티브 일치,

학습 진행 시 학습자의 경험을 활용하는 친밀성으로 구성되어 있다.

동기 유발을 위해서 목적을 분명하게 정의하는 것이 필수적이다. 목적을 분명하게 정의하면, 목적과 수업 내용 사이의 관계가 다소 약하다 하더라도 그 관계를 분명히 하기가 훨씬 용이하다(Keller, 1987). 따라서 다음과 같은 가설이 성립한다.

가설 2-1. ARCS e-Learning 교육시스템 학습자의 관련성의 하위 요인 중 목적 지향성은 학습참여도에 긍정적인 영향을 미칠 것이다.

관련성은 단순한 유용성 이상의 것이다. 비록, 수업을 특정 목적과 연결시키는 것이 외재적인 학습 결과를 달성하는 데 유용할 수 있지만, 관련성에 대한 통합적인 접근을 개발하기 위해서, 그리고 수업 내용이 학습자의 목적에 약하게 관련되어 있는 상황에서 이를 보상하기 위해, 학습자의 학습 양식과 개인적인 흥미에 맞추어 적절한 시기에 적절한 방법으로 끌어들이는 것이 필요하다(Keller & 송상호, 1999). 교수 과정이나 방법 측면의 관련성을 강조하며 학습자들이 동기유발 측면과 결합되는 수업전략을 강조한다. 목적 수준의 선택가능성 부여, 학업성취의 점수체제 활용, 협동적 참여 기회 제공 등의 방법이 있다(Belawati, 1998). 따라서 다음과 같은 가설이 성립한다.

가설 2-2. ARCS e-Learning 교육시스템 학습자의 관련성의 하위 요인 중 모티브 일치는 학습참여도에 긍정적인 영향을 미칠 것이다.

친밀성이란 학습자의 경험과 가치에 연관되는 예문이나 구체적인 용어, 개념 등을 사용함으로써 얻어질 수 있는 전략이다. 인지주의적 관점에서 보면 사람들은 이미 알고 있거나 가지고 있는 지식, 정보, 기술, 가치 및 경험에 바탕을 두고 새로운 과제가 제시될 때 그들의 기존의 인지구조와 새것과의 관계를 더 잘 이해할 수 있으며 구체적

이미지를 구상할 수 있다(김경희, 2002). 따라서 다음과 같은 가설이 성립한다.

가설 2-3. ARCS e-Learning 교육시스템 학습자의 관련성의 하위요인 중 친밀성은 학습참여도에 긍정적인 영향을 미칠 것이다.

다. 자신감 요인에 대안 가설

가설 3. ARCS e-Learning 교육시스템 학습자의 자신감 요인은 학습참여도에 긍정적인 영향을 미칠 것이다.

자신감의 하위항목에는 학습에 대한 긍정적 기대감을 갖는 학습기대감, 자신의 역량에 대한 믿음을 향상시킬 수 있는 학습 경험을 제공하는 성공확신, 학습자 자신의 노력으로 학습에 성공하도록 유의한 선택권을 부여하는 개인적통제로 구성되어 있다.

학습자에게 수행의 요구사항과 평가 기준을 제시해 줌으로써 학습자가 성공의 가능성 여부를 짐작하도록 도와주는 것이다. 학습자들에게 평가기준, 평가조건 및 학습목표를 알려주는 것은 학습자들의 자신감을 획득하게 하는 데 도움이 된다. 학습자들은 자신들이 달성해야 할 성취목표를 알고 있을 때, 성공에 대한 자신감이 높아진다는 것이다. 이러한 원리는 교수과정에서도 적용된다. 수업이 언어문제, 내적인 일관성의 결여, 부적절한 연습 등으로 인하여 혼란스러워진다면, 학습자의 학습기회는 감소되고 성공 가능성에 대한 자신감도 감소하게 된다(강명희, 1994). 따라서 다음과 같은 가설이 성립한다.

가설 3-1. ARCS e-Learning 교육시스템 학습자의 자신감의 하위요인 중 학습 기대감은 e-Learning 학습참여도에 긍정적인 영향을 미칠 것이다.

교수는 학생으로 하여금 실제 학습상황에서 성공의 기회나 성공에 대한 긍정적인 기대감을 가지도록 수업을 설계하고 영향력을 제공해야 한다. 이러한 성공기회의 제공사례는 매우 많다. 즉 교재의 독해 수준과 도전감 정도의 조정, 교수의 언어와 몸짓 표현, 비위협적인 상황에서 실제로 연습할 수 있는 빈도 등이 바로 이러한 영향력들이다. 이러한 성공의 경험은 정의적 학습에 결정적인 조건을 제공해 주게 된다(Martin & Briggs, 1986). 따라서 다음과 같은 가설이 성립한다.

가설 3-2. ARCS e-Learning 교육시스템 학습자의 자신감의 하위요인 중 성공확신은 e-Learning 학습참여도에 정적인 영향을 미칠 것이다.

학생들은 자신이 상당한 통제력을 가지고 있고 성공할 수 있는 능력을 소유하고 있다고 믿을 때 성공에 대한 자신감이 강해진다(Bandura, 1977a). 이와는 대조적으로 무기력한 태도나 감정, 혹은 행운이나 통제 불가능한 외재적인 힘들이 자신의 인생에 결정적인 영향을 미친다고 생각되면 의기소침해질 가능성이 높아진다(Weinar, 1980). 그러므로 교수 설계자들은 학생의 자신감을 발달시키기 위해서는 학생이 스스로 유의미한 개인적 통제를 할 수 있도록 수업을 설계하고 긍정적인 피드백을 제공해야한다. 학습자의 자신감을 발달시키기 위해서는 학습자들이 부분적으로 유의미한 개인적 통제를 할 수 있도록 수업을 조직하고, 긍정적인 귀인 피드백을 제공하는 것이 필요하다. 즉 학습자들에게 열심히 노력한다면 충분히 성공할 수 있는 그런 능력을 소유하고 있다는 것을 말과 행동으로 알려주는 것이다. 따라서 다음과 같은 가설이 성립한다.

가설 3-3 ARCS e-Learning 교육시스템 학습자의 자신감의 하위 요인 중 개인적 통제는 학습참여도에 긍정적인 영향을 미칠 것이다.

라. 만족감 요인에 대안 가설

가설 4. ARCS e-Learning 교육시스템 학습자의 만족감 요인은 학습참여도에 긍정적인 영향을 미칠 것이다.

만족감에의 하위항목으로 학습 경험에 대한 학습자의 내재적 만족에 대한 강화, 학습결과에 대한 보상의 외재적 보상으로 살펴볼 수 있다.

학습자들에게 관심을 갖게 하고 바람직한 행동을 지속시킬 수 있는 강화물을 준비하고 강화계획을 수립해야 한다(신동로, 2003). 또한 학습자가 새로 습득한 지식이나 기술을 실제 또는 모의상황에 적용해 보도록 하는 기회를 제공하는 것이다. 이러한 적용기회는 학습이 끝난 직후 되도록 빨리 주어져야 한다. 예를 들어 게임, 시뮬레이션, 사례학습이나 역할놀이 학습 등에서 새로운 지식과 기능을 사용해 보도록 하는 것이 있으며, 수준 높은 학습자는 어려운 내용으로 나아갈 수 있게 하는 방법도 있다(Keller & Suzuki, 1988). 따라서 다음과 같은 가설이 성립한다.

가설 4-1. ARCS e-Learning 교육시스템 학습자의 만족감의 하위 요인 중 내재적 강화는 학습참여도에 긍정적인 영향을 미칠 것이다.

만족감을 주는 가장 전통적인 것들은 외재적 보상으로 물질적 대상뿐만 아니라, 학습과제와 숙제를 끝내는 것에 대한 보상으로 즐거움과 재미있는 활동들을 사용할 수 있다. 외재적 동기유발 시 한 가지 어려운 점은 외재적 보상을 아주 드물게, 간헐적으로 사용해야 한다는 것이다. 만약, 일상적이 되면, 강화의 가치를 잃게 될 것이다(Keller & 송상호, 1999).

특히 유의할 점은 외재적 보상이 학생 행동의 자연적인 결과가 아니고 다른 사람의 통제하에 있다고 학생이 생각하게 되면 학습동기는 감소될 수 있다(Condry, 1977). 학생이 내재적으로 과제에 흥미를 가지게 되면, 외재적 보상은 과제 자체에 대한 보상과 외재적 보상을 균형 있게 활용하여야 동기화는 지속된다(Wlodkowski, 1985). 따라서 다음과 같은 가설이 성립한다.

가설 4-2. ARCS e-Learning 교육시스템 학습자의 만족감의 하위 요인 중 외재적 보상은 학습참여도에 긍정적인 영향을 미칠 것이다.

과제의 성취를 위해 일관성 있는 성취기준과 결과를 유지하는 것이다. 즉 학생의 기대 수준에 비추어 성취결과를 평가하는 방법에 대한 객관성이라 할 수 있다(deci & Porac, 1978).

학습자가 자신의 수행이 공정하게 판단되지 않는다고 믿거나, 혹은 성공에 수반되어야 할 다른 기회나 보상이 주어지지 않는다고 믿는다면 성공적인 학습 경험을 가질 수 없다(Adams, 1965). 학습자들은 그들 자신의 기대, 교사가 언급하거나 제시한 약속, 다른 사람이 달성한 결과 등에 비추어서 자신의 학습결과를 평가한다. 학습자들이 지각한 공정성에는 결코 예외가 있어서는 안 되며, 훌륭한 의사소통을 통하여 설정된 성취기준과 성취결과는 일관성 있게 적용되어야 한다(강명희, 1994). 따라서 다음과 같은 가설이 성립한다.

가설 4-3. ARCS e-Learning 교육시스템 학습자의 만족감의 하위요인 중 공정성은 학습참여도에 긍정적인 영향을 미칠 것이다.

2. 자기조절효능감의 조절변인에 대한 가설

자기조절효능감이 높은 학습자는 자신의 학습 진행 상황을 끊임없이 관찰하고 이를 수정한다(Zimmerman, 1989). 따라서 학습참여도가 자신의 학습에 도움을 줄 수 있는 도구인지 여부를 지속적으로 평가할 것이며, 이것은 자기조절효능감을 자기관찰, 자기판단, 자기반응에 대한 스스로의 평가(Bandura, 1997a)라고 보는 견해와도 통하는 것이다. 자기조절효능감이 높은 학습자는 학습에서도 자신이 원하는 학습목표를 효과적으로 또는 효율적으로 달성할 수 있는지 여부를 끊임없이 관찰하고 판단하고 반응할 것이다.

자기조절효능감이 높은 학습자는 자기가 원하는 것에 관심을 가질 것이며, 낮은 학습자는 주어진 것에 관심을 보일 것이다. 자기조절효능감이 높은 학습자는 콘텐츠 내용 자체에 관심을 가지고 내용이 긍정적으로 평가되면 적극적으로 학습에 임할 것이며 학습 콘텐츠가 자신이 원하는 학습내용과 잘 부합하면 만족할 것이고 그렇지 않을 경우에는 만족하지 않을 수 있다. 따라서 다음과 같은 가설이 성립한다.

가설 5. 학습자의 자기조절효능감에 따라서 학습자의 주의력 요인, 관련성 요인, 자신감 요인, 만족감 요인과 ARCS e-Learning 교육시스템 학습자의 학습참여도 간의 관계를 조절할 것이다.

가설 5-1. 학습자의 자기조절효능감에 따라서 주의력 요인과 ARCS

e -Learning 교육시스템 학습자의 학습참여도와의 관계가 달라진다.

가설 5 - 2. 학습자의 자기조절효능감에 따라서 관련성 요인과 ARCS
e -Learning 교육시스템 학습자의 학습참여도와의 관계가 달라진다.

가설 5 - 3. 학습자의 자기조절효능감에 따라서 자신감 요인과 ARCS
e -Learning 교육시스템 학습자의 학습참여도와의 관계가 달라진다.

가설 5 - 4. 학습자의 자기조절효능감에 따라서 만족감 요인과 ARCS
e -Learning 교육시스템 학습자의 학습참여도와의 관계가 달라진다.

3. 컴퓨터 자기효능감의 조절변인에 대안 가설

컴퓨터 자기효능감(computer self - efficacy)은 컴퓨터 사용에 대한 자기효능감으로 자신이 컴퓨터 기술을 사용할 수 있다는 자신에 관한 보편적 신념(Compeau & Higgins, 1995a)으로 또는 정보 및 보편 컴퓨터 기술을 사용할 수 있는 자신의 능력에 대한 자아평가(Ven-Katesh & Davis, 1996)로 정의한다. 그리고 컴퓨터 자기효능감은 컴퓨터에 관련된 여러 가지 기술에 대한 자기효능감이 아니라 어떤 과업을 수행하는 데 컴퓨터를 사용하려는 자신의 능력에 대한 개인의 지각을 의미한다(Compeau & Higgins, 1995b).

즉 컴퓨터 사용에 자신을 갖는 사용자는 시스템을 사용하는 데 수반되는 노력이 상대적으로 덜하게 된다는 것이다. 따라서 컴퓨터 자기효능감은 다음과 같은 가설이 성립한다.

가설 6. 학습자의 컴퓨터 자기효능감에 따라서 학습자의 주의력 요인, 관련성 요인, 자신감 요인, 만족감 요인과 ARCS e -Learning

교육시스템 학습자의 학습참여도 간의 관계를 조절할 것이다.

가설 6-1. 학습자의 컴퓨터 자기효능감에 따라서 주의력 요인과 ARCS e-Learning 교육시스템 학습자의 학습참여도와의 관계가 달라진다.

가설 6-2. 학습자의 컴퓨터 자기효능감에 따라서 관련성 요인과 ARCS e-Learning 교육시스템 학습자의 학습참여도와의 관계가 달라진다.

가설 6-3. 학습자의 컴퓨터 자기효능감에 따라서 자신감 요인과 ARCS e-Learning 교육시스템 학습자의 학습참여도와의 관계가 달라진다.

가설 6-4. 학습자의 컴퓨터 자기효능감에 따라서 만족감 요인과 ARCS e-Learning 교육시스템 학습자의 학습참여도와의 관계가 달라진다.

4. 매개변인과 종속변인에 관안 가설

가. 학습참여도와 학습만족도에 대안 가설

e-Learning 교육에서 학습자들의 학습참여도를 측정하는 방법은 다양하지만, 흔히 사용하는 방법으로는 학습 진도율, 공지사항 조회율, 게시판의 의견 게시 횟수 및 조회 횟수 등을 사용한다(Moore & Kearsley, 1996).

김은옥(1998)은 접속 횟수와 접속 시간으로 학습자의 가상수업 참여도를 측정하였다. 유평준(2003b)은 학습참여도를 측정하기 위하여 측정지표로 일별, 주별, 또는 월별 단위로 학습참여 활동을 종합하여 체크하고, 그날 혹은 그 주에 주어진 학습내용과 과제를 모두 완수했는지를 파악하였다. 유평준(2003a)은 학습방법에 대해 만족할수록, 학습전략을 효과적으로 사용할수록, 자신이 학습시간과 속도를 체크하면서 조절할수록 학습참여도가 높은 것으로 분석하였다. 더 나아가 정영식(2004)은 원격교육 접속횟수와 성적 간의 상관관계를 분석한 결과에 의하면, 연수자의 접속 횟수가 높을수록 최종성적이 높게 나타났다.

두민영과 김영수(2000)는 수업에 대한 관련성 향상 메시지가 중도탈락률을 낮추는 데 긍정적인 영향을 미친다고 하였으며, 학습참여도 측면에서도 수업에 대한 관련성 향상 메시지가 학습자의 총 학습시간을 증대시켜 학습자의 수업참여에 긍정적인 영향을 미친다고 하였다. 따라서 다음과 같은 가설이 성립한다.

가설 7. ARCS e-Learning 교육시스템 학습자의 e-Learning 학습참여도는 e-Learning 학습만족도에 긍정적인 영향을 미칠 것이다.

나. 학습참여도와 학업성취도에 대안 가설

선행연구들에서 밝히고 있는 참여도 측정 기준들 중에서 Q&A나 자유게시판의 메시지 개수, 전자우편 개수, 온라인 토론 참여 횟수 등은 구성원들 간의 상호작용 활동에 참여한 정도를 파악할 수 있다. 자유게시판은 주로 학습자들 간의 의견이나 정보 교환을 위해 사용하게 되며, 상호간 의견을 교환하고 생각을 공유하는 과정을 통해 학습자들은 친밀감을 형성하게 되는데, 이러한 자유게시판의 활동을 통해 생각이나 마음이 일치하여 친밀감이 형성된 사람들은 또 다른 상호작용 도구를 이용하여 학습 내용과 실제적 문제상황에 대해 의견을 나누고 사례를 접하면서 학습 내용에 대한 이해도를 높이게 되어 학업 성취를 증진시키게 된다. 실제로 정재삼·임규연(2000)은 e-Learning 기반 비실시간 토론 과정에서 학습자가 메시지를 게시한 횟수로 토론 참여도를 측정한 연구에서 참여도는 학업 성취도와 높은 상관관계가 있었으며, 경로분석을 통해 참여도가 학업 성취도에 직접적인 영향을 미치는 요인임을 밝히면서 토론에 활발히 참여한 학습자일수록 온라인 토론을 통한 학업 성취도가 높아진다고 해석하고 있다. 또한 Kruse와 Keil(2000)은 e-Learning기반 교육 프로그램이 상호작용적일 때 학습자들의 참여가 증가하고 필요 없는 학습시간이 줄어들며, 학습 내용에 대한 인지를 증가시킬 수 있어 학업 성취가 증진될 수 있다고 밝히고 있다. 이처럼, 토론이나 자유게시판을 통한 상호작용 활동에 참여한 정도는 성공적인 학습 성취를 위해서 반드시 언급될 정도로 상호간에 연관성을 가지고 있음을 알 수 있다.

이와 더불어, e-Learning기반 교육에서의 소집단 협력 학습은 구성원들 간의 상호작용을 증진시킬 뿐 아니라, 이러한 협력 학습에 대한 참여 정도는 학업 성취 점수에 영향을 미칠 수 있다. 실제로, 김현수·최형림·김선희(1999)는 사례연구, 문제중심학습, 그룹학습, 협동학습, 프로젝트를 통한 학습에 활발하게 참여하는 것은 효과적 학습 목표의 중요한 추진 수단이 된다고 밝히고 있는데, 이는 학습 활동에 적극적으로 참여하는 것은 학습자가 학습 목표에 달성하는 데 긍정적인 영향을 미치는 것임을 시사하고 있다. 따라서 다음과 같은 가설이 성립한다.

가설 8. ARCS e-Learning 교육시스템 학습자의 e-Learning 학습참여도는 e-Learning 학업성취도에 긍정적인 영향을 미칠 것이다.

Ⅳ. 연구 방법

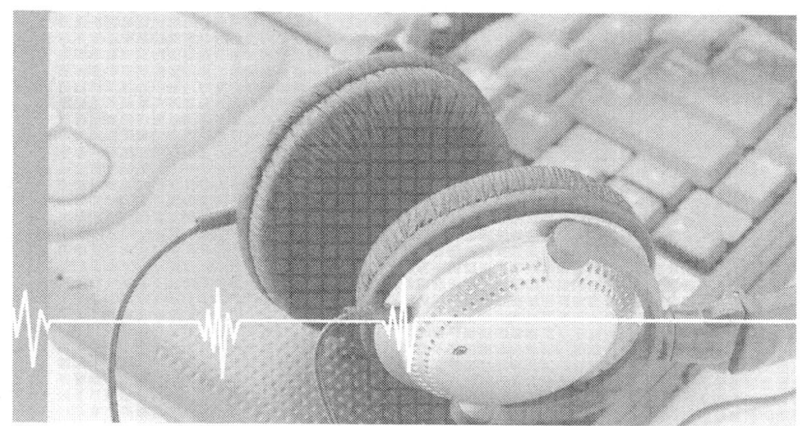

이 장에서는 연구방법에 대한 모든 것을 정리하였다. 먼저 연구대상에 서는 다중회귀분석을 이용하여 변인들 중 가장 영향력이 큰 변인을 파악하였다. 다음으로 또한 앞의 연구결과를 바탕으로 경로분석 결과를 제시하여 본 연구 변인들이 학습만족도와 학업성취도에 미치는 직·간접 영향력을 파악하는 순서로 연구결과를 정리하였다. 그리고 구조방정식을 이용하여 조절변인이 학습참여도에 미치는 영향을 파악하였다.

A. 연구 대상

이 연구는 4년제 대학에서 ARCS e-Learning 교육시스템으로 16주 동안 교육을 받은 남녀 대학생 380명을 대상으로 연구를 하였다.

이 강좌들은 정보통신 윤리교육에서 필요한 학교정보화와 교육, 원격교육 활용론, 컴퓨터 보조학습, 교육공학으로 구성되어 있다. 연구대상 학습자들이 수강하는 강좌는 한 주에 3시간 분량의 강의록과 동영상, 오디오 강의가 제공되며 16주 동안 3회의 실시간 토론, 2회의 온라인 시험을 실시하였다. 조사대상 학교를 선별하는 데 있어서의 조건은 각 대학의 e-Learning 학습 조건을 동일하게 유지하기 위하여 본 연구자가 운영하고 있는 ARCS e-Learning 교육시스템을 이용하여 수업을 하였다.

또한 본 연구 대상자들은 각자의 가정에서 PC를 이용하기 때문에 다양한 개인 학습 환경을 갖추고 있다는 점도 본 연구의 목적에 부합된 조건을 갖추고 있었다.

설문지는 e-Learning 교육시스템을 이용해 본 경험이 있는 대학생 380명을 대상으로 하였으며, 총 372개를 회수하였고, 이 중 모든 항목에 성실하게 응답하지 않았다고 판단되는 8개의 설문지를 제외하여 최종적으로 372개의 설문지가 본 연구의 분석에 사용되었다. 설문지 응답에 관한 통계를 <표 Ⅳ-1>에 요약하였다.

<표 Ⅳ-1> 설문지 회수 현황

조사 방법	전체 표본수	유효 설문지	회수율	비고
설문조사	380	372	98%	8개의 설문제거

연구대상의 개인적 배경특성별 분포는 <표 Ⅳ-2>와 같다. 성별로는 남자가 55.4%, 여자가 44.6%로 남자가 더 많이 표집되었다. 학년별로는 1학년 21.5%, 2학년 25.5%, 3학년 26.9%, 4학년 26.1%로 3학년이 다른 학년보다 많았다. 전공 소속 계열은 사회과학 학생들이 많이 분포하였는데 교양 강좌에 사회과학 학생들이 수강을 많이 하고 있기 때문이다. 가상 강의 수강 경력을 분석해 보면 처음 수강하는 학생이 23.4%나 차지하였는데, 이것은 1,2학년들이 47%를 차지하고 있기 때문이다. 수강 교과목 구분을 분석해 보면 교직을 수강하는 학생이 35.8%나 차지하고 있는데 이것은 연구 대상자로서 좋은 조건이다. 컴퓨터 사용시간을 분석해보면 1시간 미만이 7.0%로 연구 대상자들이 e-Learning 교육을 충분히 할 수 있음을 알 수 있다. 하지만 가상강의 수강시간이 일주일에 1시간 미만이 7.0%가 있는데 집에 컴퓨터가 없는 학생들이었는데 주로 PC방에서 학습을 하였다.

〈표 Ⅳ-2〉 연구 대상자의 특성

구 분		빈도(명)	비율(%)
성별	남성	121	55.4%
	여성	111*	44.6%
학년	1학년	80	21.5%
	2학년	95	25.5%
	3학년	100	26.9%
	4학년	97	26.1%
전공소속 계열	인문과학	64	17.2%
	사회과학	87	23.4%
	자연과학	75	20.2%
	공학	89	23.9%
	예체능	57	15.3%
가상강의 수강경력	없음(처음수강)	87	23.4%
	1회	94	25.3%
	2회	105	28.2%
	3회 이상	86	23.1%
수강 교과목 구분	선택교양	95	25.5%
	전공선택	85	22.8%
	교직	133	35.8%
	2개 이상	59	15.9%
컴퓨터사용시간 (1일)	1시간 미만	26	7.0%
	1-2시간	93	25.0%
	3-6시간	136	36.6%
	7-12시간	80	21.5%
	12시간 이상	37	9.9%
가상강의 수강시간 (일주일간)	1시간 미만	10	2.7%
	1-2시간	120	32.3%
	3-4시간	95	25.5%
	5-6시간	68	18.3%
	7-8시간	51	13.7%
	9시간 이상	28	7.5%
Total		372	100.0%

B. 연구 도구

ARCS e-Learning 교육시스템 학습 성과 관련요인에 관한 연구모형을 상세히 검증할 수 있는 데이터를 수집하기 위하여 다음의 단계에 걸쳐 설문지를 개발하였다.

1차로 작성된 설문지에 대해 e-Learning기반 교육시스템을 이용해 본 경험이 있는 대학생 50명을 대상으로 예비조사(pilot test)를 실시하였다. 예비조사는 2005년 6월 20일부터 6월 25일까지 약 일주일에 걸쳐 실시되었으며, 총 48부를 수집하였다. 이와 함께 교육공학 전문가를 대상으로 면접 조사를 실시하여 설문지 구성 및 측정방법에 관한 다양한 의견을 수집하였다. 이러한 사전 작업은 설문지의 설계에 큰 도움을 주었으며, 특히 이 결과에 근거하여 측정항목과 척도를 일부 개선하였다.

본 연구의 측정도구에는 학습동기, 자기조절효능감, 컴퓨터 자기효능감, 학습만족도 검사지가 있고, 사용된 검사도구에 질 판단 기준이 추정되었다. 타당도를 추정하기 위한 요인분석이 실시되었고, 신뢰도를 측정하기 위해서 Cronbach's α를 산출하였다.

1. 측정 도구의 타당도 검증

본 연구에서는 연구 도구 자체가 측정하고자 하는 속성이나 개념을 적절히 측정할 수 있도록 기존 연구에서 충분한 이론적 근거를 바탕으로 개발되어 실증적 검증을 거친 측정 도구를 사용하였다.

다음과 같은 절차에 의해 각 요인 측정 질문지의 타당성을 검증하였다. 본 연구에서 주의력 요인, 관련성 요인, 자신감 요인, 만족감 요인, 자기조절효능감, 컴퓨터 자기효능감, 학습만족도 측정 도구의 타당성을 검증하기 위해 실시한 요인분석은 이순묵(1990)의 견해를 토대로 자기조절효능감, 컴퓨터 자기효능감은 탐색적 요인분석을 사용하고, 주의력 요인, 관련성 요인, 자신감 요인, 만족감 요인, 학습만족도은 확인적 요인분석 방법을 사용하였다. 탐색적 요인분석(exploratory factor analysis)은 자료 내에 어떤 요인이 존재할 것이라는 가정 없이, 어떤 요인이 있는지 요인구조 탐색의 목적으로 실시하는 것이며, 확인적 요인분석(confirmatory factor analysis)은 일단 어떤 요인이 존재할 것이라는 가정 또는 기존의 연구가 있을 때 자료를 통해 그 생각을 확인해보는 요인분석 방법이다. 추출된 요인 수 결정은 내용타당도, 고유치, 설명 변량을 참고로 하였으며, 요인 부하량 .30 이상인 문항들을 추출하였다.

본 연구에서 설정한 자기조절효능감, 컴퓨터 자기효능감 요인들은 그 요인들을 측정하는 데 적합한 측정도구가 있었기 때문에 선행 연구에서 사용된 척도들을 본 연구의 목적에 맞게 번안, 수정하였으며 수정한 척도의 문항이 각 내용을 측정하는 데 적합한 문장으로 수정되었는지, 문항의 내용 및 표현이 적절한지, 의미가 불분명하거나 평가하기 어려운 문항은 없는지 등 문항 적합성을 교육학 전공 교수 2인, 교육공학 전공 교수 1인, 컴퓨터교육 전공 교수 2인으로부터 검토받았다. 그리고 변수들의 특성을 파악하며 관련된 변수들이 묶여지는지를 알아보는 탐색적 요인분석을 실시하였다.

주의력 요인, 관련성 요인, 자신감 요인, 만족감 요인, 학습만족도
은 선행 연구를 토대로 하위 요인을 선정하고 선행연구에서 사용한
질문지의 일부 문항을 추출하고 여기에 e-Learning 교육시스템 프
로그램의 관찰결과 분석을 토대로 몇 문항을 더 첨가하여 최종 측정
문항을 제작하고 전문가에게 문항의 적합성을 검토받은 후 요인군별
로 확인적 요인분석을 실시하였다.

2. 독립변인 측정도구

본 연구에서 사용한 학습동기 검사도구(Keller & 송상호, 1999)는
Keller(1993)의 Course Interest Survey(CIS)로서 ARCS 모델에 의해
제시된 이론적 기초에 근거하여 설계 된 것을 사용하였다.

본 연구에서는 각 문항을 대학생 수준에 맞도록 재구성하여 Likert
5점 척도로서 매우 그렇다(5점), 약간 그렇다(4점), 보통이다(3점), 별
로 그렇지 않다(2점), 전혀 그렇지 않다(1점)로 평정하도록 구성하였
다. 이러한 검사의 문항들을 하위 요인별로 제시하면 <표 Ⅳ-3>과
같다. 신뢰도는 Cronbach α=.936으로 나타났다. 주의력 요인의 각 하
위변인별 신뢰도는 지각적 각성이 α=.932, 탐구적 각성이 α=.932, 다
양성이 α=.930 이었다. 관련성 요인의 각 하위변인별 신뢰도는 목적
지향성이 α=.933, 모티브 일치가 α=.928, 친밀성이 α=.9310이었다. 자
신감 요인의 각 하위변인별 신뢰도는 학습 기대감이 α=.930, 성공확
신이 α=.932, 개인적 통제가 α=.928이었다. 만족감 요인의 각 하위변
인별 신뢰도는 내재적 강화가 α=.933, 외재적 보상이 α=.927, 공정성

이 α=.929이었다.

〈표 Ⅳ-3〉 CIS 학습동기 검사 하위요인별 문항 구성

요인범주	연구변인	문항번호	초기 문항수	최종 문항수
주의력	지각적 각성	부록 1 - 10,11,12	3	3
	탐구적 각성	부록 1 - 1,3,4,5	4	4
	다양성	부록 1 - 2,6,7,8,9	5	4
관련성	목적지향성	부록 2 - 1,2,3	3	3
	모티브일치	부록 2 - 4,5,6,7,8	5	4
	친밀성	부록 2 - 9,10,11,12,13,14	6	4
자신감	학습기대감	부록 3 - 1,2,3	3	3
	성공확신	부록 3 - 4,5,6,7,8,9,10,11	8	6
	개인적 통제	부록 3 - 12,13,14	3	3
만족감	내재적 강화	부록 4 - 1,2,3,7,8	5	4
	외재적 보상	부록 4 - 4,5,6	3	3
	공정성	부록 4 - 9,10,11	3	3
계			51	34

3. 조절변인 측정도구

〈표 Ⅳ-4〉 자기효능감 질문지 구성

하위요인	문항번호	초기문항수	최종문항수
컴퓨터 자기효능감	부록 5 - 1,2,3,4	4	4
자기조절효능감	부록 6 - 1,2,3,4,5,6	6	5
계		10	9

본 연구에서는 컴퓨터 자기효능감은 Compeau와 Higgins(1995a)가 제안한 4가지를, 자기조절효능감은 김아영과 박인영(2001)이 제안한 학업적 자기효능감 중 세 가지의 자기조절효능감 항목을 본 연구 목적에 맞게 수정하여 사용하였다. 본 연구에서는 각 문항을 대학생 수준에 맞도록 재구성하여 Likert 5점 척도로 구성하였다. 이러한 검사의 문항들을 하위 요인별로 제시하면 <표 Ⅳ-4>와 같다. 본 측정도구의 신뢰도는 컴퓨터 자기효능감은 α=.919로 자기조절 효능감의 신뢰도 계수는 α=.917로 나타났다.

4. 학습참여도 측정도구

본 연구에서의 학습참여도를 조사하기 위해 시스템상의 기록파일을 분석하였다. 본 연구의 학습 참여도는 가상강의실에서 학습자들이 상호작용과 관련된 활동에 참여한 정도와 학습 활동에 참여한 정도를 모두 포함하는 의미로서, 상호작용 참여도는 50점 만점으로, 학습 진도 관련 참여도는 40점 만점으로 하여 총 90점 만점으로 학습 참여도를 평정하였다.

상호작용 참여도 측정 기준에는 가상강의실의 자유게시판에 자유 의견이나 질문을 게시한 횟수(20점), 실시간 토론 참여 횟수(20점), 토론 참여율(10점)이 포함되며, 학습 진도 관련 참여도에는 총 학습 시간(20점), 로그횟수(10점), 미달 횟수(10점)가 포함된다. 본 연구 대상자들의 학습 참여도 분석 기준은 다음 <표 Ⅳ-5>와 같다.

〈표 Ⅳ-5〉 e-Learning 교육시스템 학습 참여도 분석 기준

상호작용 참여도			학습 진도 관련 참여도			합계
게시판 게시횟수	실시간 토론참여횟수	토론 참여율	총 학습 시간	로그횟수	미달횟수	
20	20	10	20	10	10	90

자유게시판을 통한 의견 게시 횟수는 최고 44개와 최저 0개로 분포되었는데, 가장 많은 학습자가 21개-25개에 포함되어 이를 12점으로 하고 26-30개를 14점, 31-35개를 16점, 36-40개를 18점, 41-45개를 20점으로 하고, 하나도 게시하지 않은 사람은 2점으로 점수를 부여하였다. 또한, 16주 학습기간 동안 3회의 실시간 온라인 토론을 1시간 동안 실시하였기 때문에 실시간 토론 참여횟수는 3회 참석자는 20점, 2회 참석자는 15점, 1회 참석자는 5점, 한 번도 참석지 않은 사람은 0점으로 부여하였다. 토론 참여율 점수 산정은 발언 내용이 토론 주제에 적합한지, 확산적인 발언을 하는지 등에 대해서는 각각 3점, 몇 번 발언하는지에 대해서는 4점을 기준으로 하였으며, 서버에 기록된 전체 토론 내용을 토대로 점수를 산출하였다.

총 학습시간과 로그 횟수도 게시판 게시횟수와 동일한 방법으로 산출하였는데, 가장 많은 학습자들이 몰린 시간대와 횟수대를 기준으로 적당한 간격을 두고 점수를 부여하였다. 미달 횟수는 매주 최소학습시간인 2시간을 달성하였는지의 여부에 따라 운영자 모드에 나타나는 것으로, 10회 미달인 경우 0점, 0회 미달인 경우는 10점을 부여하였다.

게시판을 통한 의견 게시 횟수, 토론 참여 횟수, 총 학습시간, 로

그횟수, 미달 횟수에 대한 학습자 개개인의 정보는 본 연구에서 선정한 e-Learning 교육시스템에 자동적으로 기록되어, 운영 시스템을 통해 확인할 수 있었다. 단 게시판을 통한 의견 게시 횟수는 시스템의 기록 파일에 카운트된 횟수를 그대로 반영하지 않고 내용 검증을 통해 학습내용과 상호작용 도모와 무관한 것은 빈도에 포함시키지 않고 분석에서 제외하였다. 그리고 총 학습시간에는 학습자들이 리얼 오디오를 통해 교수자의 강의를 듣는 시간만이 포함되며, 미달 횟수는 매주 최소학습시간을 수강하지 못한 경우에 카운트되는데, 가상강의는 언제라도 수강할 수 있기 때문에 제일 마지막 주차에 미달 횟수를 측정하였다.

5. 학습만족도 측정도구

본 연구에서는 e-Learning 교육시스템의 학습 만족도를 측정하기 위해 정인성·임정훈·최종근(1999)의 웹기반 학습 만족도 문항을 본 연구 목적에 맞게 수정하여 사용하였다. 본 연구에서는 각 문항을 대학생 수준에 맞도록 재구성하여 Likert 5점 척도로 구성하였다. 이러한 검사의 문항들을 하위 요인별로 제시하면 <표 Ⅳ-6>과 같다.

본 연구에서 사용한 질문지에는 전반적인 만족도(4문항), 교육효과에 대한 만족도(5문항), 사이버 수업에 대한 만족(6문항), 일반적 정보소통능력 신장에 대한 만족(5문항)과 관련된 내용의 총 20문항으로 구성되어 있다(<부록 5> 참조). 본 측정도구의 점수 범위는 최하 20점에서 최고 100점까지이고, 점수가 높을수록 학습자는 e-Learning 교육시스템 학습에 만족한다고 볼 수 있으며, 신뢰도는 Cronbach α= .96 으로 나타났다. 만족도 각 하위변인별 신뢰도는 전반적인 만족도가 α= .92 , 교육효과에 대한 만족도가 α= .92, 사이버 수업에 대한 만족이 α= .90, 일반적 정보소통능력 신장에 대한 만족이 α= .93 이었다. 질문지는 5점 척도로서 매우 그렇다(5점), 약간 그렇다(4점), 보통이다(3점), 별로 그렇지 않다(2점), 전혀 그렇지 않다(1점)로 평정하도록 되어 있으며, 학습 만족도는 16주간의 학습이 모두 이뤄지고 난 후에 질문지를 통해 측정되었다.

<표 Ⅳ-6> 학습 만족도 질문지 구성

하위요인	문항번호	초기 문항수	최종 문항수
전반적인 만족도	부록 4 - 1,2,3,4	4	4
교육효과에 대한 만족도	부록 4 - 5,6,7,8,9	5	5
사이버 수업에 대한 만족	부록 4 - 10,11,12,13,14,15	6	6
일반적 정보소통능력 신장에 대한 만족도	부록 4 - 16,17,18,19,20	5	5
계		20	20

6. 학업성취도 측정도구

학업 성취도를 측정하기 위해 16주간의 학습 수행 동안 2회 실시한 온라인 시험 점수가 사용되었다. 학습자들이 정해진 기간에 온라인 시험을 치르면 개개인이 획득한 점수가 자동적으로 시스템에 저장되기 때문에 8주차에 (1주차부터 7주차까지 평가) 1회 실시한 온라인 중간고사 점수, 16주차에 1회 실시한 온라인 기말고사 점수를 시스템 DB의 기록 파일을 통해 측정하였다. 학업 성취도 분석 기준과 배점은 <표 Ⅳ-7>과 같다.

〈표 Ⅳ-7〉 웹기반 평생교육 학업 성취도 분석 기준

온라인중간고사	온라인기말고사	학업성취도총점
25 점	40 점	65점

온라인 중간고사는 1-7주차까지 학습 내용을 중심으로 각 주차당 3문항씩 총 21문항이 제출되었고, 각 문항당 2점씩, 기본점수 1점을 부여하였다. 온라인 기말 고사는 9-15주차까지 학습 내용을 중심으로 각 5문항씩으로 총 35문항이 제출되었고, 각 문항당 1점씩, 기본 점수 2점을 부여하였다.

온라인 시험 문제는 교수자가 제출하고 운영자 모드에서 서버에 올리게 되면 학습자들은 사이버 강의실의 'On-line Test'를 통해 지정된 기간 동안 치렀으며, 온라인 시험 일정은 개강 전 실시하는 면대면 오리엔테이션 때 프린트 형태로 공지하고 사이버 강의실의 '개강전 안내'와 사이버 강의실의 '공지사항'을 통해 실시 한 달 전부터 2회 정도 사전에 공지되었다. 테스트 기간이 지난 후에는 시험을 치를 수 없고, 정답과 체크한 답안을 학습자가 볼 수 있으며 운영자는 학습자가 시험을 치른 직후부터 운영자 모드에서 온라인 시험 점수를 확인할 수 있도록 시스템이 구축되어 있다.

C. 조절변인 측정

1. 자기조절효능감

조절변인인 자기조절효능감을 분석하기 위해서 자기조절효능감 집단 분석을 하였다. 자기조절효능감 집단분석을 위한 표본기준은 설문지의 자기조절효능감 설문항목의 평균값을 기준으로 높은 집단과 낮은 집단의 두 집단으로 나누어 분석하였고 두 집단의 자기조절효능감이 유의적인 차이가 있음을 확인 하였다. 이의 결과를 <표 IV-8>에 정리하였다. 모든 척도는 Likert 5점 척도를 사용하였고 구체적인 설문내용은 <부록 6>과 같다.

<표 IV-8>에 제시된 바와 같이 실험처치 집단별 자기조절효능감 검사 결과 자기조절효능감이 높은 집단의 평균은 4.03, 표준편차는 0.41이고, 자기조절효능감이 낮은 집단의 평균은 2.43, 표준편차는 0.42로, 이 차이는 p<.001 수준에서 의미 있는 것으로 검증되었다.

<표 IV-8> 자기조절효능감에 따른 t검증 결과

집단	N	M	SD	t값	p값(양측)
낮은집단	223	2.43	0.42	22.449	0.000***
높은집단	149	4.03	0.41		

*** p<.001

2. 컴퓨터 자기효능감

조절변인인 컴퓨터 자기효능감을 분석하기 위해서 컴퓨터 자기효능감 집단 분석을 하였다. 컴퓨터 자기효능감 집단분석을 위한 표본기준은 설문지의 컴퓨터 자기효능감 설문항목의 평균값을 기준으로 높은 집단과 낮은 집단의 두 집단으로 나누어 분석하였고 두 집단의 컴퓨터 자기효능감이 유의적인 차이가 있음을 확인 하였다. 이의 결과를 <표 Ⅳ-9>에 정리하였다. 모든 척도는 Likert 5점 척도를 사용하였고 구체적인 설문내용은 <부록 5>와 같다.

<표 Ⅳ-9>에 제시된 바와 같이 실험처치 집단별 컴퓨터 자기효능감 검사 결과 컴퓨터 자기효능감이 높은 집단의 평균은 3.95, 표준편차는 0.43이고, 컴퓨터 자기효능감이 낮은 집단의 평균은 2.32, 표준편차는 0.52로, 이 차이는 $p<.001$ 수준에서 의미 있는 것으로 검증되었다.

〈표 Ⅳ-9〉 컴퓨터 자기효능감에 따른 t검증 결과

집단	N	M	SD	t값	p값(양측)
낮은집단	230	2.32	0.52	12.449	0.000***
높은집단	142	3.95	0.43		

*** $p<.001$

D. 연구 절차

본 연구 절차는 연구준비 단계, 연구 실시 단계, 연구 결과 정리 단계의 3단계로 진행되었다. 연구 절차에 대해서는 <표 Ⅴ-10>에서 정리하였다.

1. 연구 준비 단계

연구 준비 단계에서는 우선 ARCS e-Learning 교육시스템 프로그램을 관찰하고 학습자, 교수설계 부분을 분석하였다. 국내 대학에서 시행하고 있는 사이버 강좌를 대상으로 하는 ARCS e-Learning 교육시스템 설계 부분의 문제점을 파악하기 위해 2004년부터 e-Learning 교육시스템을 수강하는 대학생들을 관찰하고 분석하였다. 그리고 나서 2005년 1학기부터 직접 사이트를 운영해보면서 학생들을 대상으로 ARCS e-Learning 교육시스템 강좌의 학습전략들에 대해 인터뷰를 실시하였다.

이러한 경험적 배경과 여러 선행 연구들의 분석에 의해서 ARCS e-Learning 교육시스템 프로그램 학습자의 학습 성과와 관련되는 요인을 추출하였다. 그리고 나서 각 요인들을 측정할 수 있는 문항을 제작하고 교육공학, 교육학, 컴퓨터교육 관련 교수 및 e-Learning기반 교육 전문가들에게 내용 타당도를 검증받은 후, e-learning 학습자 45명을 대상으로 측정도구에 대한 예비 검사를 실시하고 요인 분

석을 거쳐 요인과 관련 없고 타당하지 않은 문항을 제외시키고 측정
도구를 완성하였다.

2. 연구 실시 단계

　연구 준비가 완료된 후 2005년 8월 초에 ARCS e-Learning 교육
시스템 학습자 380명을 대상으로 인터넷을 통해 사전 질문지를 배포
하였고 총 372건이 회수되었다. 사전 질문지를 통해 학습자의 자기조
절효능감, 컴퓨터 자기효능감에 대한 사전지식 정도를 측정하였다.
　본 연구 대상자들은 2005년 8월부터 12월까지 e-Learning 교육을
수강하였으며, 학습 기간이 끝난 12월 중순에 사후 검사지를 사전질
문지 대상자 380명에게 인터넷을 통해 배포하고 수거하였다. 사후
질문지를 통해 주의력 요인, 관련성 요인, 자신감 요인, 만족감 요인
과 학습 만족도를 측정하였다. 또한 시스템의 기록파일을 통해 학습
참여도, 학업 성취도를 측정하였다.

3. 연구 결과 정리 단계

　e-Learning 교육 학습 시작 전에 실시한 사전 조사 자료, 학습을
마친 후 실시한 사후 조사 자료, 시스템 기록 파일 자료들을 적절한
통계 방법을 통해 분석하고 연구 결과를 산출하였으며, 이를 기술적으
로 정리하였다. 다음 <표 Ⅳ-10>은 연구절차를 표로 나타낸 것이다.

〈표 Ⅳ-10〉 연구절차

	e-Learning 교육시스템 프로그램 관찰
	e-Learning 교육시스템 프로그램 분석 (학습자, 교수설계)
연구 준비 단계	학습자 면접
	이론적, 경험적 배경에 의한 요인 추출
	요인 측정 문항 제작
	측정도구 예비 검사 실시 및 자료 분석
	구인과 관계없는 문항 제거
	학습 전 조사 (학습자 요인)
	학습 후 조사 (주의력 요인, 관련성 요인, 자신감 요인, 만족감 요인)
연구 실시 단계	학습 만족도 측정 (설문형태)
	학습 참여도 측정 (시스템 기록파일 통해)
	학업 성취도 측정 (시스템 기록파일 통해)
	최종 자료 분석
연구 정리 단계	연구 결과 산출
	연구 완료

E. 자료 분석

본 연구의 연구문제 및 가설을 검증하기 위해 활용된 분석방법은 다음과 같다.

첫째, 조사대상자의 일반적 특성과 e-Learning 교육의 현황을 알아보기 위하여 연구대상자의 특성을 분석하기 위해 빈도와 백분율을 산출하였다. 또한 주요변인들의 전반적인 응답결과를 보기 위하여 평균과 표준편차를 구했다.

둘째, 연구문제 1, 2번을 위해 다중 회귀분석(simultaneous regression)을 실시하였다. 다중회귀분석은 두 개 이상의 독립변수로부터 종속변수의 값을 예측하는 데 사용되는 통계방법이다. 또한 종속변수의 값을 예측하는 데 사용된 독립변수들의 개별적인 상대적 기여도를 알아내는 방법이기도 하다. 먼저 연구문제 1에서는 두 개 이상의 독립변인이 종속변인인 학습참여도에 미치는 영향 정도를 파악하기 위해 주의력 요인, 관련성 요인, 자신감 요인, 만족감 요인들을 요인군별로 묶어서 단계별로 영향력을 알아보고 변인군의 상대적 중요도를 알아보았다. 연구문제 2에서는 다중 회귀분석을 실시하여 학습참여도와 학업성취도 및 학습만족도의 관계를 알아보았다.

셋째, 연구문제 3번과 관련해서는 ARCS e-Learning 교육시스템 학습참여도에 영향을 미치는 조절변인인 자기조절효능감과 컴퓨터 자기효능감을 측정하기 위해 구조방정식모형을 사용한다.

넷째, 연구문제 4번과 관련해서는 회귀분석 결과를 바탕으로 하여 경로분석 방법을 사용하였다. 경로분석(path analysis)을 통해 ARCS e-Learning 교육시스템에서의 주의력 요인, 관련성 요인, 자신감 요인, 만족감 요인들과 학습참여도, 학습만족도, 학업성취도 등 이론적인 검토를 통해 본 연구와 관련된다고 설정된 변수들 간의 인과적 관계를 직·간접 효과로 분해해 내기 위함이었다. 본 연구에서 사용한 경로분석 방법은 이론적 모형의 타당성을 검증하고자 하기 위함보다는 회귀분석 결과에서 설명해주지 못하는 매개변인을 통한 간접적인 영향을 미치는 요인과 그 영향력을 밝혀내기 위해 사용되었다.

본 연구에서의 통계적 처리를 위한 분석도구로는 SPSS 11.0을 사용하였으며, 구조방정식 패키지로는 AMOS4를 활용하여 분석하였다.

V. 연구 결과 및 해석

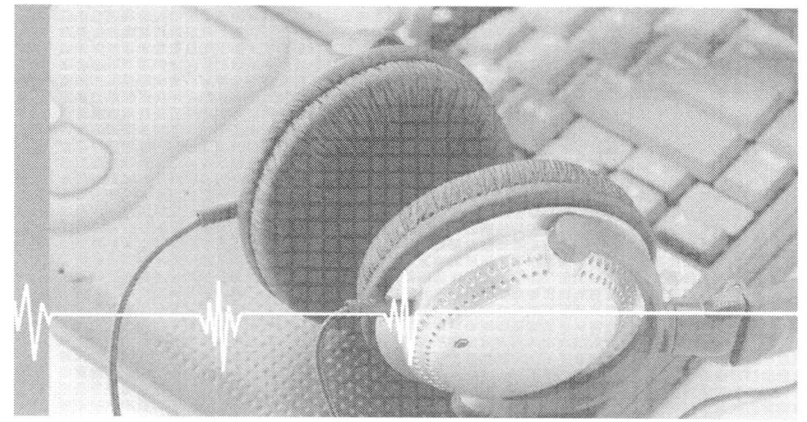

이 장에서는 독립변인과 매개변인, 조절변인, 종속변인으로 설정한 모든 변인들의 평균, 표준편차와 상관 등 기술적 통계 분석 결과를 정리하였으며, 다중회귀분석을 이용하여 변인들 중 가장 영향력이 큰 변인을 파악하였다. 또한 앞의 연구결과를 바탕으로 경로분석 결과를 제시하여 본 연구 변인들이 학습만족도와 학업성취도에 미치는 직·간접 영향력을 파악하는 순서로 연구결과를 정리하였다. 그리고 구조방정식을 이용하여 조절변인이 학습참여도에 미치는 영향을 파악하였다.

A. 연구 변인에 대한 기초자료

1. 주의력 요인

주의력 요인이란 호기심, 감동, 그리고 주의를 획득하는 데 도움을 주며, 주의력을 불러일으키기 위해서 교수 설계자는 새롭거나 놀라운, 즉 기존의 것과는 다른 것이나 불확실한 사건을 제공하여야 한다. 여기에는 지각적 각성, 탐구적 각성, 다양성이 하위 요인으로 포함되어 있으며, 각 하위요인별 평균, 표준편차, 최솟값, 최댓값은 <표 Ⅴ-1>과 같다.

학습자의 지각적 관심을 끌고 학습으로 유도하기 위하여 메인화면을 눈에 띄는 색깔로 구성하고 학습의 개요와 학습 진행과정을 소개하는 전달 메시지를 메인페이지를 통해 제시하여 학습자의 동기유발을 하는 지각적 각성은 평균 2.94로 나타났으며, "홈페이지에서 이미지 위에 마우스를 가져다대면 나타나는 글씨는 어떻게 만들었을까?"라는 문제제시로 학습자들의 학습에 대한 호기심을 자극하는 탐구적 각성은 평균 2.72가 나왔다. 또한 학습 제시방법을 다양화함으로써 주의를 지속시킬 수 있도록 하는 다양성은 평균이 2.89로 나왔다.

<표 Ⅴ-1> 주의력 요인들의 평균

요인	평균	표준편차	최솟값	최댓값
지각적 각성	2.94	0.41	1.50	5.00
탐구적 각성	2.72	0.03	1.20	5.00
다양성	2.89	0.04	1.10	5.00

2. 관련성 요인

관련성 요인이란 수업방법과도 긴밀하게 관련된다. 예를 들면, 친애의 욕구가 높은 학습자는 비경쟁적인 집단 상황에 매력을 느끼고, 성취 욕구가 높은 학습자는 그들에게 높은 목표와 성취 수준을 정해서 그것을 성취하기 위한 개별적 책임감을 갖게 하는 상황을 좋아한다. 그러므로 학습내용과 내용의 중요성을 학습자와 관련시켜 가면서 흥미롭게 이야기하는 방법은 관련성을 증진시켜 주는 데 도움을 줄 수 있다. 본 연구의 관련성 요인에는 목적지향성, 모티브일치, 친밀성이 하위 요인으로 포함되어 있으며, 각 하위요인별 평균, 표준편차, 최솟값, 최댓값은 <표 Ⅴ-2>와 같다.

〈표 Ⅴ-2〉 관련성 요인들의 평균

요인	평균	표준편차	최솟값	최댓값
목적지향성	2.94	0.80	1.60	5.00
모티브일치	2.72	0.72	1.20	5.00
친밀성	3.17	0.73	1.40	5.00

3. 자신감 요인

자신감 요인이란 학습에 대한 관련성을 인식한 후 학습자들이 학습에서 성공할 가능성이 있다는 것을 믿게 하며, 학습의 과정에서 학습자들에게 자신감을 주기 위해서 학습자가 실수를 하여도 당황하지 않고 계속 학습할 수 있는 자유로운 학습상황을 만들어 주어야 한다. 본 연구의 자신감요인에는 학습 기대감, 성공확신, 개인적 통제가 하위 요인으로 포함되어 있으며, 각 하위요인별 평균, 표준편차, 최솟값, 최댓값은 <표 Ⅴ-3>과 같다.

〈표 Ⅴ-3〉 자신감 요인들의 평균

요인	평균	표준편차	최솟값	최댓값
학습기대감	2.94	0.77	1.00	5.00
성공확신	2.74	0.83	1.30	5.00
개인적통제	2.93	0.73	1.20	5.00

4. 만족감 요인

만족감 요인에 영향을 주는 요소들은 강화와 보상과 공정성이다. 학습자들이 학습경험에 대해 전반적으로 긍정적인 만족감을 가지도록 하기 위해서는 '학습경험에 대한 학습자들의 내재적 즐거움을 어떻게 격려하고 지원할까'에 관련된 내재적 강화, '학습자의 성공에 대한 보상으로 무엇을 제공할까'에 관련된 외재적 보상 그리고 '공정한 처리에 대한 학습자들의 지각을 어떻게 만들어 줄까'에 관련된 공정성의 조건들이 부합되어야 한다. 본 연구의 만족감 요인에는 내재적 강화, 외재적 보상, 공정성의 하위 요인으로 포함되어 있으며, 각 하위요인별 평균, 표준편차, 최솟값, 최댓값은 <표 Ⅴ-4>와 같다.

<표 Ⅴ-4> 만족감 요인들의 평균

요인	평균	표준편차	최솟값	최댓값
내재적 강화	3.12	0.82	1.30	5.00
외재적 보상	2.95	0.72	1.20	5.00
공정성	3.02	0.76	1.40	5.00

5. 학습참여도 요인

ARCS e-Learning 교육시스템 학습자의 학습 참여도 요인은 평균 48.15로서 최소 7점에서 최대 89점까지의 분포를 보이고 있는데, 이는 학습자들이 학습 활동에 평균적 수준정도로 참여하였다고 해석할 수 있다. 학습참여도 요인의 평균, 표준편차, 최솟값, 최댓값은 <표 Ⅴ-5>와 같다.

〈표 Ⅴ-5〉 학습참여도 요인들의 평균

요인	평균	표준편차	최솟값	최댓값
학습참여도	48.15	18.25	7.00	89.00

6. 학습만족도 요인

학습 만족도의 평균은 2.98로 나타났으며, ARCS e-Learning 교육시스템을 통한 학습에 대해 학습자들이 어느 정도 만족하고 있음을 나타낸다. 학습 만족도의 하위 변인별로 평균을 보면 주위 사람들에게 수강하도록 권장하거나 다른 사이버 강좌를 수강하기를 원하거나 ARCS e-Learning 교육시스템 과정이 확대되기를 원하는 정도 등의 내용이 포함된 전반적인 만족도(학습만족도 질문지 1-4번 문항)의 평균이 2.96, 본 강좌를 통해 기본 지식을 충분히 습득하였거나 실제로 자신에게 도움이 되는 내용이었는지를 묻는 내용이 포함된 교육 효과에 대한 만족도(학습만족도 질문지 5-9번 문항)의 평균은 2.97, 출석수업과 비교하여 사이버 수업의 유용성과 효과 인식을 묻는 사이버 수업에 대한 만족도(학습만족도 질문지 10-15번 문항)의 평균은 2.98, 정보기술 활용 및 정보소통 능력의 신장에 대한 만족도(학습만족도 질문지 16-20번 문항)의 평균은 2.94로 나타났다. 학습 만족도 하위 변인별 평균과 표준편차의 결과는 <표 Ⅴ-6>과 같다.

〈표 Ⅴ-6〉 학습 만족도 하위 변인별 평균

하위요인	평균	표준편차	최솟값	최댓값
전반적인 만족도	2.96	0.78	1.75	5.00
교육효과에 대한 만족도	2.97	0.89	1.60	5.00
사이버 수업에 대한 만족도	2.98	0.84	1.33	5.00
일반 정보소통능력 신장에 대한 만족도	2.99	0.78	1.40	5.00

학습 만족도를 측정하기 위한 20개의 문항 가운데 가상교육이 확대되었으면 하는가에 대한 문항의 평균은 3.82로서 평균치가 가장 높았으며, 가상교육이 출석수업과 비교하여 구성원들 간의 친밀한 접근이 가능하였는가에 대해서는 평균 2.44로서 가장 낮은 평균치를 보이고 있다.

B. 연구 변인들 간의 상관관계

상관관계분석은 측정변인 간의 상관관계(correlation), 즉 상호 관련성 여부 및 관련성 정도를 알고자 할 때 이용하는 분석이다. 본 연구에서 측정된 15개 연구 변인 간의 피어슨(Pearson) 상관분석을 실시하였으며, 그 결과를 <표 Ⅴ-7>에 정리하였다. 여기에서 각 연구 단위들은 많은 항목들로 구성되어 있기 때문에 각 연구 단위 별로 측정항목들을 산술 평균하여 그 값을 분석에 이용하였다.

일반적으로 상관계수의 절댓값이 0.2 이하이면 상관관계가 없거나 무시해도 좋은 수준이며, 0.4 정도이면 약한 상관관계, 0.6 이상이면 강한 상관관계로 볼 수 있다(채서일, 2003). 상관관계 분석 결과를 살펴보면, 1~3은 주의력 요인, 4~6은 관련성 요인, 7~9는 자신감 요인, 10~12는 만족감 요인, 13은 학습참여도, 14는 학습만족도, 15는 학업성취도를 나타낸 것이다.

예측변인과 준거변인 간의 상관관계를 분석해 보면, 변인들 간의 전반적인 상관관계의 크기는 r=.361에서 r=.790까지로 나타났다. 먼저 학습참여도와는 지각적 각성(r=.361), 탐구적 각성(r=.606), 다양성(r=.653), 목적 지향성(r=.365), 모티브 일치(r=.618), 친밀성(r=.468), 학습 기대감(r=.568), 성공확신(r=.679), 개인적 통제(r=.593), 내재적 강화(r=.661), 외재적 보상(r=.387), 공정성(r=.591)과 정적인 상관을 보였다. 이것은 ARCS e-Learning 교육시스템의 성공확신(r=.679)과 내재적 강화(r=.661)를 적용한 설계가 학습 참여 정도와 밀접한 관련이 있다는 것을 의미한다. 더불어, 학습자들이 ARCS e-Learning 교육시스템을 로그인할 때 사운드로 신비감을 제공한다든지 다양한 문제를 제시할 때 학습자들의 학습 참여도가 더 증가하는 것으로 나타났다. 또한 학습자에게 친밀감을 주고 점수를 알아볼 수 있도록 과목 점수 부여 설계가 학습자들을 학습에 참여할 수 있도록 하는 동기를 주어야 한다.

학습만족도는 지각적 각성(r=.583), 탐구적 각성(r=.625), 다양성(r=.675), 목적 지향성(r=.473), 모티브 일치(r=.632), 친밀성(r=.523), 학습 기대감(r=.566), 성공확신(r=.606), 개인적 통제(r=.596), 내재적 강화(r=.654), 외재적 보상(r=.584), 공정성(r=.628)과 유의한 정적인 상관이 있음이 나타났다. 즉 능동적 반응을 유도할 수 있는 설계나 실제 생활에 유추, 적용할 수 있는 설계와 친밀감을 줄 수 있는 버튼의 교수설계가 잘 이뤄져 있고, 학습참여도가 높을수록 학습 만족도가 높아지는 것으로 나타났다.

학업성취도는 지각적 각성(r=.522), 탐구적 각성(r=.559), 다양성(r=.621), 목적 지향성(r=.509), 모티브 일치(r=.590), 친밀성(r=.554), 학습 기대감(r=.553), 성공확신(r=.550), 개인적 통제(r=.540), 내재적 강화(r=.671), 외재적 보상(r=.538), 공정성(r=.655)과 유의한 정적인 상관이 있음이 나타났다. 학업성취도도 학습참여도나 학습만족도와 동일하게 주의력 요인, 관련성 요인, 자신감 요인, 만족감 요인과 유의한 정적인 상관이 있으며, 점수에 결과에 대한 피드백 적용이나 각 학습 단계에 따른 다양한 문제 제시가 잘 되어 있을수록 높은 학업성취도를 보이는 것으로 나타났다.

한편 본 연구의 종속변인인 학습 참여도, 학습만족도, 학업성취도 간의 상관관계를 보면, 학습참여도는 학습만족도(r=.790), 학업성취도(r=.651)와 모두 정적인 상관이 있었으며, 특히 학습만족도와는 더 높은 상관 정도를 보였다. 또한 학습만족도와 학업성취도 간에는 r=.655의 상관을 보이고 있다. 이는 학습활동에 대한 참여정도가 높을수록 학습만족도가 높아지며 학업성취점수도 더 높아진다는 것을 의미하며, ARCS e-Learning 교육시스템에 만족할수록 학업성취정도도 높아지게 됨을 의미한다.

〈표 Ⅴ-7〉 주요 변인 간의 상관관계 분석

변인	1	2	3	4	5	6	7	8	9	10	11	12	13	14	15
1.지각적 각성	1														
2.탐구적 각성	.556 (**)	1													
3.다양성	.721 (**)	.637 (**)	1												
4.목적 지향성	.428 (**)	.492 (**)	.410 (**)	1											
5.모티브 일치	.529 (**)	.513 (**)	.605 (**)	.621 (**)	1										
6.친밀성	.452 (**)	.456 (**)	.501 (**)	.577 (**)	.624 (**)	1									
7.학습 기대감	.504 (**)	.568 (**)	.544 (**)	.510 (**)	.617 (**)	.517 (**)	1								
8.성공 확신	.460 (**)	.504 (**)	.506 (**)	.557 (**)	.630 (**)	.508 (**)	.554 (**)	1							
9.개인적 통제	.558 (**)	.533 (**)	.554 (**)	.499 (**)	.635 (**)	.567 (**)	.629 (**)	.540 (**)	1						
10.내재적 강화	.474 (**)	.445 (**)	.496 (**)	.450 (**)	.517 (**)	.602 (**)	.526 (**)	.485 (**)	.557 (**)	1					
11.외재적 보상	.560 (**)	.530 (**)	.553 (**)	.502 (**)	.637 (**)	.573 (**)	.650 (**)	.556 (**)	.477 (**)	.564 (**)	1				
12. 공정성	.497 (**)	.531 (**)	.577 (**)	.493 (**)	.661 (**)	.625 (**)	.585 (**)	.543 (**)	.652 (**)	.617 (**)	.661 (**)	1			
13.학습 참여도	.361 (**)	.606 (**)	.653 (**)	.365 (**)	.618 (**)	.468 (**)	.568 (**)	.679 (**)	.593 (**)	.661 (**)	.387 (**)	.591 (**)	1		
14.학습 만족도	.583 (**)	.625 (**)	.675 (**)	.473 (**)	.632 (**)	.523 (**)	.566 (**)	.606 (**)	.596 (**)	.654 (**)	.584 (**)	.628 (**)	.790 (**)	1	
15.학업 성취도	.522 (**)	.559 (**)	.621 (**)	.509 (**)	.590 (**)	.554 (**)	.553 (**)	.550 (**)	.540 (**)	.671 (**)	.538 (**)	.655 (**)	.651 (**)	.655 (**)	1

** p<.001

C. e-Learning 교육시스템에 영향을 미치는 요인

본 연구의 가설의 검증과 연구모형의 적합성 평가를 위해 다음과 같은 통계 방법을 사용하였다. ARCS e-Learning 교육시스템의 학습참여도에 영향을 미치는 요인을 분석하기 위하여 [그림 Ⅲ -1]의 연구개념 모형에 따라 먼저 학습참여도에 영향을 미치는 요인들을 분석하였다. 또한, 구조방정식모형을 통해 ARCS e-Learning 교육시스템 학습성과 관련 요인들이 영향을 미치는 경로 및 직·간접 영향을 살펴보았다. 그리고 ARCS e-Learning 교육시스템 학습참여도에 영향을 미치는 조절변인의 영향을 살펴보고자 한다.

1. 학습참여도에 영향을 미치는 주요인

다중회귀분석에서 회귀식에 포함된 독립변인들은 서로 높은 선형 상관관계를 가질 경우가 많으며 이러한 현상을 다중공선성(multi-collinearity)이라 한다. 다중공선성을 엄격하게 점검하려면 허용도(Tolerance)와 분산팽창요인(VIF)을 살펴봄으로써 알 수 있다. 이 두 가지 지표들은 한 독립변인이 다른 모든 독립변인들에 의해서 설명되는 정도를 알려준다. 일반적으로 허용도는 .10-.30 이하, 분산팽창요인은 10 이상이면 일반적으로 다중공선성에 문제가 있다고 의심할 수 있다.

따라서 결정계수의 값이 매우 높고, 다중회귀분석모형 전체의 유의성 검정을 위한 F 통계량이 유의하다고 하더라도, 추정된 계수 각각에 대한 t검정결과 일부 계수들이 유의하지 않아 추정된 모수의 신뢰성이 결여된다. 이러한 결과는 변인들 간의 옳은 상관관계로 인해 한 변인의 설명력이 다른 변인에 의해 흡수되기 때문인 것으로 해석될 수 있다.

본 연구에서 회귀분석의 허용도(tolerance)값이 모두 0.1 이상이고 분산팽창요인(VIF)값도 모두 10보다 작아 다중공선성은 없는 것으로 볼 수 있다.

또한 Durbin-Watson값이 모두 1.672 이상으로 독립성 가정을 만족함을 알 수 있다. 회귀분석에서 Durbin-Watson값이 2에 가까우면 자기상관관계(auto serial correlation)가 없음을 의미한다.

가. 주의력 요인이 학습참여도에 미치는 영향

가설 1, 가설 1-1, 가설 1-2, 가설 1-3번을 분석하기 위하여 다중회귀분석을 실시하였다. e-Learning 교육시스템의 학습참여도를 종속변인으로 하고, 독립변인으로써 탐구적 각성, 지각적 각성, 다양성에 대한 다중회귀분석을 실시한 결과는 <표 V-8>과 같다.

회귀분석 결과를 보면, 회귀식에 대한 유의도를 검증하는 F 검증이 통계적으로 유의하였으며(p<0.001), 회귀 모델의 F 값은 120.07이다. 3개의 독립변인은 탐구적 각성(Beta=.344, p<0.01), 지각적 각성(Beta=.133, p<0.01), 다양성(Beta=.369, p<0.01)이 학습참여도를 설명하는 유의한 변인으로 포함되었다. 이 변인을 합하면 학습참여도를 49.1% 설명한다고 말할 수 있다. Beta 값이 .369인 지각적 각성이

118

학습참여도를 가장 잘 예측하는 요인인 것으로 나타났다. 이상의 결과는 다음과 같이 해석할 수 있다.

첫째, 무언가 흥미로운 내용이 제시될 것이라는 학습자의 기대와 감각을 자극하여 주의집중을 불러일으킬 수 있는 지각적 각성 전략(Keller, 1987)이 학습참여도에 영향을 미치며, 학습자가 알고자 하는 욕구를 깨우쳐 주었을 때 학습참여도에 영향을 미치며, 동기유발 방법 및 제시 속도에 변화를 주어 지루함을 극복하게 해 주며 사람들의 감각 추구 요구에 부합하도록 해 주는 것이 필요하다는 것을 의미한다.

둘째, 주의집중을 얻기 위해서는 지각적 각성, 탐구적 각성, 다양성에 적절한 균형을 이루는 것이다. 학습자들은 각각 자극에 대하여 반응하는 것이 다르다. 교사가 학습자들의 선호하는 환경과 전략을 이해하고 그러한 전략을 어떻게 적용할 것인가를 연구함으로써 학습자를 수업에 집중시키고 흥미를 집중시킬 수 있다. 즉 각종 삽화나 도표, 애니메이션, 그래프의 사용, 다양한 글자체의 사용 등으로 주의력을 유발하면 학습참여도를 유발할 수 있다.

셋째, 학습자의 주의집중을 유발하는 것이 중요하지만, 더 중요한 것은 그것을 유지하는 것이다. 만약 교사가 학습자들에게 더 깊은 수준의 호기심을 깨우쳐 준다면, 그들은 단순히 감각을 자극할 때보다 훨씬 주의집중을 잘 할 것이다. 문제 해결활동을 스스로 구성하거나 관련된 연상을 스스로 만들어 보도록 한 후 질문-응답-피드백의 상호작용을 활용은 학습참여도와 높은 관련이 있을 것이다.

또한 일반적인 정보제시 방식의 강의 형태와 상호작용식 교수-학습의 기회와 토론식 수업을 혼합하고 교수자료의 형태에 있어 일관성을 유지하되 학습자의 흥미를 유지시키기 위하여 그림, 표, 다양한 글자 형태 등 적절한 변화를 추구는 방법도 긍정적인 영향을 받을 수 있음을 의미한다.

<표 Ⅴ-8> 주의력이 학습참여도에 미치는 영향에 대한 회귀분석 결과

가설	종속변인 / 독립변인	학습참여도				다중공선성 조사	
		B	β	t	Sig	공차한계	VIF
1-1	지각적각성	.133	0.129	2.374**	0.050	0.465	2.151
1-2	탐구적각성	.344	0.298	6.102***	0.000	0.575	1.740
1-3	다양성	.369	0.370	6.311***	0.000	0.399	2.503
N		372					
Durbin-Waston값		1.732					
Adjusted R²		0.491					
F값		120.07					

**p<.05 ***p<.001

나. 관련성 요인이 학습참여도에 미치는 영양

가설 2, 가설 2-1, 가설 2-2, 가설 2-3번을 분석하기 위하여 다중회귀분석을 실시하였다. e-Learning 교육시스템의 학습참여도를 종속 변인으로 하고, 독립 변인으로써 목적 지향성, 모티브 일치, 친밀성에 대한 다중회귀분석을 실시한 결과는 <표 Ⅴ-9>와 같다.

회귀분석 결과를 보면, 회귀식에 대한 유의도를 검증하는 F 검증이 통계적으로 유의하였으며(p<0.001), 회귀 모델의 F 값은 81.325이다.

1개의 독립변인인 모티브 일치(Beta=.490, p<0.01)가 학습참여도를 설명하는 유의한 변인으로 포함되었다. 이 변인은 학습참여도를 39.4% 설명한다고 말할 수 있다. 이상의 결과는 다음과 같이 해석할 수 있다.

모티브 일치는 교육 학습참여도에 중요한 요인임을 알 수 있다. 즉 학습시 학습의 목적을 어렵고 쉬운 다양한 수준으로 제시하여 학습자의 능력에 따라 적당한 수준을 선택하도록 하고 이에 필요한 피드백을 제공할수록 학습참여도가 높아진다고 해석할 수 있다.

〈표 Ⅴ-9〉 관련성이 학습참여도에 미치는 영향에 대한 회귀분석 결과

가설	종속변인 / 독립변인	학습참여도				다중공선성 조사	
		B	β	t	Sig	공차한계	VIF
2-1	목적지향성	0.104	0.101	1.895	0.064	0.556	1.800
2-2	모티브일치	0.564	0.490	8.643***	0.000	0.508	1.967
2-3	친밀성	0.119	0.105	1.92	0.055	0.552	1.810
N		372					
Durbin-Waston값		1.640					
Adjusted R^2		0.394					
F값		81.325					

**p<.05 ***p<.001

다. 자신감 요인이 학습참여도에 미치는 영양

가설 3, 가설 3-1, 가설 3-2, 가설 3-3번을 분석하기 위하여 다중회귀분석을 실시하였다. e-Learning 교육시스템의 학습참여도를

종속 변인으로 하고, 독립 변인으로써 학습기대감, 성공확신, 개인적 통제에 대한 다중회귀분석을 실시한 결과는 <표 Ⅴ-10>과 같다.

회귀분석 결과를 보면, 회귀식에 대한 유의도를 검증하는 F 검증이 통계적으로 유의하였으며(p<0.001), 회귀 모델의 F 값은 130.27이다. 3개의 독립변인인 학습기대감(Beta=.181, p<0.01), 성공확신(Beta=.398, p<0.01), 개인적 통제(Beta=.264, p<0.01)가 학습참여도를 설명하는 유의한 변인으로 포함되었다. 이 변인을 합하면 학습참여도를 51.1% 설명한다고 말할 수 있다. Beta 값이 .398인 성공기회가 학습참여도를 가장 잘 예측하는 요인인 것으로 나타났다. 이상의 결과는 다음과 같이 해석할 수 있다.

첫째, 학습 기대감으로 학습자에게 평가기준, 평가조건 및 학습목표를 알려주는 것은 학습자들의 자신감을 회득하게 하는 데 도움이 되고, 학습자들은 자신들이 달성해야 할 성취목표를 알고 있을 때, 성공에 대한 자신감이 높아진다는 것을 보여주고 있다. 이러한 원리는 교수과정에서도 적용된다. 수업이 언어문제, 내적인 일관성의 결여, 부적절한 연습 등으로 인하여 혼란스러워진다면, 학습자의 학습 기회는 감소되고 성공 가능성에 대한 자신감도 감소하게 된다(강명희, 1994)는 것으로 해석할 수 있다.

둘째, 성공확신은 과정과 수행의 조건에서 의미 있는 성공의 경험을 할 수 있게 적절한 수준의 도전감을 제공하는 것이(강명희, 1994) 중요하고, 쉬운 내용에서 어려운 내용으로 수업을 조직하는 내용이 필요하다. 즉 학습의 필요조건과 선수지식과 부합시켜 지나친 도전이나 권태를 방지하고 적절한 수준의 도전감을 부여하고, 시간의 조절, 자극의 속도 조절, 상황의 복잡성 조절 등으로 다양한 수준의 난이도를 제공하는 방법이 필요함을 알 수 있다.

셋째, 성공에 대한 '개인적 통제'를 제공하는 기법을 활용함으로써 성공에 대한 기대감을 증가시킨다. 교육용 소프트웨어는 학습자의 능력이나 노력에 의한 성공을 하게 하여주고 학습자의 개인적 통제 기회를 제공해 줌으로써 자신감과 자기 존중감을 형성할 수 있게 하여야 한다. 구체적 전략으로는 언제든지 학습상황에서 빠져나갈 수 있고 돌아오고 싶을 때 돌아오도록 하고, 학습자에게 다음 내용으로 스스로 진행하도록 조절의 기회를 주어야 한다. 그리고 여러 가지 다양한 학습교재의 난이도에 따라 자신에 맞는 것을 선택하게끔 조직하는 것으로 해석할 수 있다.

〈표 Ⅴ-10〉 자신감이 학습참여도에 미치는 영향에 대한 회귀분석 결과

가설	종속변인 / 독립변인	학습참여도				다중공선성 조사	
		B	β	t	Sig	공차한계	VIF
3-1	학습기대감	0.196	0.181	3.663***	0.000	0.540	1.852
3-2	성공확신	0.402	0.398	8.720***	0.000	0.632	1.582
3-3	개인적통제	0.305	0.264	5.410***	0.000	0.552	1.813
N		372					
Durbin-Waston값		1.861					
Adjusted R^2		0.511					
F값		130.27					

**p<.05 ***p<.001

라. 만족감 요인이 학습참여도에 미치는 영향

가설 4, 가설 4-1, 가설 4-2, 가설 4-3번을 분석하기 위하여 다중회귀분석을 실시하였다. e-Learning 교육시스템의 학습참여도를 종속 변인으로 하고, 독립 변인으로서 내재적 강화, 외재적 보상, 공정성에 대한 다중회귀분석을 실시한 결과는 <표 Ⅴ-11>과 같다.

회귀분석 결과를 보면, 회귀식에 대한 유의도를 검증하는 F 검증이 통계적으로 유의하였으며(p<.001), 회귀 모델의 F 값은 88.362이다. 2개의 독립변인인 내재적 강화(Beta=.037, p<0.01), 공정성(Beta=.344, p<0.01)이 학습참여도를 설명하는 유의한 변인으로 포함되었다. 이 변인을 합하면 학습참여도를 41.4% 설명한다고 말할 수 있다. Beta 값이 .344인 공정성이 학습참여도를 가장 잘 예측하는 요인인 것으로 나타났다. 이상의 결과는 다음과 같이 해석할 수 있다.

첫째, 내재적 강화가 영향을 미치는 것으로 게임, 시뮬레이션, 사례학습이나 역할놀이 학습 등으로 새로운 지식과 기능을 사용해 보도록 하는 것이 효과가 있다고 판단할 수 있다.

둘째, 공정성이 교육 학습참여도에 영향을 미친다는 것은, 학습자가 자신의 수행이 공정하게 판단되지 않는다고 믿거나, 혹은 성공에 수반되어야 할 다른 기회나 보상이 주어지지 않는다고 믿는다면 성공적인 학습경험을 가질 수 없다는 것을 의미한다. 즉 수업의 목표와 내용이 일관성 있게 제시될 때 학습자는 자신들이 목표에 대해 기대했던 것과 일치되게 느낀다고 볼 수 있다.

<표 Ⅴ-11> 만족감이 학습참여도에 미치는 영향에 대한 회귀분석 결과

가설	종속변인 / 독립변인	학습참여도				다중공선성 조사	
		B	β	t	Sig	공차한계	VIF
4-1	내재적강화	0.038	0.037	6.160***	0.000	0.576	1.735
4-2	외재적보상	0.391	0.338	0.714	0.476	0.524	1.910
4-3	공정성	0.379	0.344	5.970***	0.018	0.475	2.106
N		372					
Durbin-Waston값		1.672					
Adjusted R^2		0.414					
F값		88.362					

**p<.05 ***p<.001

2. 종속변인에 영향을 미치는 요인

가. 학습만족도에 영향을 미치는 요인

가설 7을 분석하기 위하여 다중회귀분석을 실시하였다. 'ARCS e-Learning 교육시스템 학습자의 학습참여도는 학습만족도에 긍정적인 영향을 미칠 것이다'의 검증결과는 <표 Ⅴ-12>에서 볼 수 있듯이, 유의한 영향을 보이는 것으로 나타났다.

Kanfer(1991)는 조직 내에서 조직구성원의 동기가 높으면 그들이 행하는 과업의 수행결과도 향상된다는 동기이론을 교육훈련에 적용하는 것이 교육훈련 유효성에 관한 이해에 적합하다고 주장하였다.

즉 학습참여도가 높을수록 학습만족도에 정적인 상관관계를 미치고 있음을 알 수 있다.

학습참여도는 학습원리 중 한 요인으로 교육훈련과 학습이론은 밀접한 관계가 있다. 학습만족도는 학습참여도와 관계가 있는데 학습에 대한 의욕이 강하고 학습참여도 수준이 높을수록 학습만족도는 높게 나타나며, 학습에 대한 의욕과 동기는 학습결과에 대한 기대감에 크게 영향을 받음을 알 수 있다.

〈표 Ⅴ-12〉 학습참여도가 학습만족에 미치는 영향에 대한 회귀분석 결과

가설	종속변인 독립변인	학습만족도				다중공선성 조사	
		B	β	t	Sig	공차한계	VIF
7	학습참여도	0.723	0.890	37.551***	0.000	1.000	1.000
N		372					
Durbin-Waston값		1.766					
Adjusted R^2		0.792					
F값		1410.063					

**p<.05 ***p<.001

나. 학업성취도에 영향을 미치는 요인

가설 8을 분석하기 위하여 다중회귀분석을 실시하였다. 'e-Learning 교육시스템 학습자의 학습참여도는 학업성취도에 긍정적인 영향을 미칠 것이다'의 검증결과는 <표 Ⅴ-13>에서 볼 수 있듯이, 유의한 영향을 보이는 것으로 나타났다.

김현수·최형림·김선희(1999)은 사례연구, 문제중심학습, 그룹학습, 협동학습, 프로젝트를 통한 학습에 활발하게 참여하는 것은 효과적 학습 목표의 중요한 추진 수단이 된다고 밝히고 있는데, 이는 학습 활동에 적극적으로 참여하는 것은 학습자가 학습 목표에 달성하는 데 긍정적인 영향을 미치는 것임을 시사하고 있다.

한편, 몇몇 선행 연구(김은옥, 1998; Hatch & Hayward, 1996; Romiszowski & Mason, 1996)에서는 가상강의실의 접속 횟수나 접속 시간을 통해 참여도를 측정하고 있는데, 이는 가상강의실에 자주 접속하고 오래 머문다는 것은 학습 활동에 더 자주 참여한다는 의미로 볼 수 있다는 전제하에 연구들이 이뤄졌음을 알 수 있다. 그러나 학습자가 가상수업 웹사이트에 자주 접속한다고 해서 반드시 그 정보에 주의를 집중했다는 보장은 할 수 없다는 한계도 있지만(김미량, 2000), 김소연(1999)은 가상교육용 웹사이트에 접속을 많이 할수록 참여도 점수가 높아졌다고 밝히고 있는데, 이러한 결과는 가상강의실 접속 시간이나 접속 횟수가 학습 참여도를 측정하는 하나의 기준이 될 수 있음을 나타내주고 있다. 이에 덧붙여 접속시간이 많을수록 가상강의실에 제시된 학습 내용과 관련된 다양한 정보나 자료를 보면서 학습 내용과 관련을 지어보는 경향이 더 많다고 볼 때, 접속 시간이나 접속 횟수 등과 같은 참여도는 학습자의 학업성취도를 높게 함을 알 수 있다.

<표 V-13> 학습참여도가 학업성취도에 미치는 영향에 대한 회귀분석결과

가설	종속변인 / 독립변인	학업성취도				다중공선성 조사	
		B	β	t	Sig	공차한계	VIF
7	학습참여도	0.504	0.651	16.485***	0.000	1.000	1.000
N		372					
Durbin-Waston값		1.847					
Adjusted R^2		0.422					
F값		271.746					

**p<.05 ***p<.001

이상에서 보듯이

가설 1, "ARCS e-Learning 교육시스템 학습자의 주의력은 학습참여도에 긍정적인 영향을 미칠 것이다"는 탐구적 각성, 지각적 각성, 다양성에 의해 채택되었다.

가설 2, "ARCS e-Learning 교육시스템 학습자의 관련성은 학습참여도에 긍정적인 영향을 미칠 것이다"는 모티브 일치에 의해 부분적으로 채택되었다.

가설 3, "ARCS e-Learning 교육시스템 학습자의 자신감은 학습참여도에 긍정적인 영향을 미칠 것이다"는 학습기대감, 성공확신, 개인적 통제에 의해 채택되었다.

가설 4, "ARCS e-Learning 교육시스템 학습자의 주의력은 학습참여도에 긍정적인 영향을 미칠 것이다"는 만족감은 내재적 강화와 공정성에 의해 채택되었다.

가설 7, "ARCS e-Learning 교육시스템 학습자의 학습참여도는 e-

Learning 학습만족도에 긍정적인 영향을 미칠 것이다"는 채택되었다.

가설 8, "ARCS e-Learning 교육시스템 학습자의 학습참여도는 e-Learning 학업성취도에 긍정적인 영향을 미칠 것이다"는 채택되었다.

3. 구조방정식모형에 의한 경로분석

다중 회귀분석은 e-Learning 교육시스템의 효과에 대한 자료의 수준별 변량비율과 독립변인의 설명력을 변인별로 분석할 수 있는 장점이 있다. 그러나 독립변인이 종속변인에 미치는 직접효과만 알 수 있을 뿐, 이들 변인들이 어떠한 경로와 메커니즘을 통해 e-Learning 교육시스템의 학습만족도와 학업성취도에 영향을 미치는가는 알 수 없다. 따라서 e-Learning 교육시스템의 주의력 요인, 관련성 요인, 자신감 요인, 만족감 요인인 독립변인이 매개변인인 학습참여도를 통해 종속변인에 영향을 미치는 경로를 분석하기 위해 [그림 Ⅴ-1]과 같이 구조방정식모형을 이용하였다.

본 초기모형에서 사각형으로 되어 있는 부분은 관측변인으로 본 연구를 위해 설문조사를 통해 얻게 된 관측값을 통해서 이루어진 변인이다. 그리고 타원으로 되어 있는 부분은 측정변인을 통해서 나타난 외생개념(변인 등이 모형에서 오직 한 방향의 예측변인이나 독립변인으로만 작용되는 개념)과 내생개념(적어도 하나 이상의 원인, 결과 관계에서 결과의 변인이 되는 변인이나 개념)을 결합시킨 것을 말한다. 이 경우에는 또한 결합을 하여 구축을 최종의 결과 역시 내생개념이 되는 셈이 된다. 그리고 각 가설들의 효과는 또한 다중 회귀분석과 같이 각각의 예측 오차를 가지고 있어 오차항을 내포하고 있다(김계수, 2004). 여기서 오차항은 모형에서 설명하고 있는 내·외생 개념들이 설명해 주지 못하는 다른 부분을 포함한 항이라고 할 수 있다.

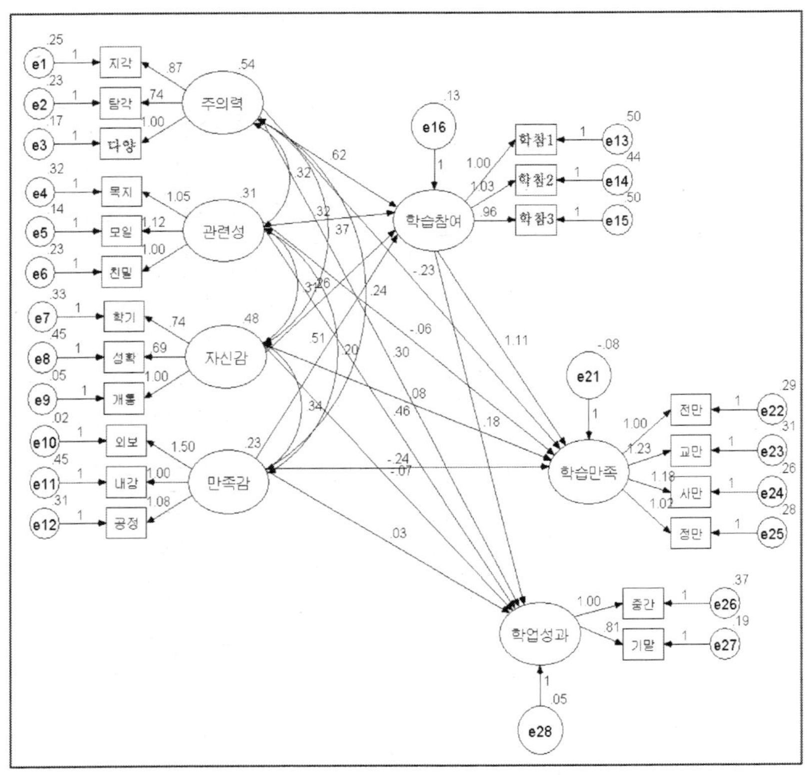

[그림 Ⅴ-1] 연구모형의 경로분석 결과

가. 구조방정식 모델의 적합도 평가

모형의 적합도는 χ^2, 조정부합치(AGFI: Adjusted GFI), 원소간 평균차이(RMSR: Root Mean Square Residual), 근사평균 자승오차(RMSEA: Root Mean Square Error of Approximation) 값을 이용하여 검증한다. 초기모형의 적합성이 별로 좋지 않으면 적합성을 향상시키기 위해 사후수정을 실시한다. 이론적 근거가 있는 경우, AMOS 자료가 제시하는 방식에 따라 초기모형을 수정한다(김계수, 2004).

AMOS에서 자신이 설정한 모형이 좋은 모형인지 아닌지를 평가하는 방법은 부합도지수(goodness-of-fit measures)들을 해석하는 것이다. 부합도 평가에서 우선 chi-square(χ^2)값이 크고 확률값(p-value)이 유의하게 작으면(p < .05) 모향이 적합하지 않고, χ^2 값이 작고 확률값이 크면(p > .05) 모형이 적합하다고 평가한다. 카이제곱/자유도 비율(Q값)은 자유도의 증감에 따른 χ^2자료의 변화를 보여주는 것으로 비율이 1에 가까울수록 제시된 모형과 자료 사이의 높은 적합도를 보여준다. 이 밖에 구조모형 분석에서는 SMC(Squared Multiple Correlation)를 제공하는데, SMC를 통해 모델들 간의 직접적인 비교가 가능하며, 일반적으로 허용되는 SMC의 범위는 .20~.90이다.

기초부합치(GFI)는 회귀분석시 R^2와 유사한 개념으로서 주어진 모델이 경험적 자료의 변량/공변량을 얼마나 설명하는가를 보여준다. 이 지수가 .90이상이거나 이에 가까울수록 잘 맞는 모델(good-fitting model)이다. AGFI는 현실적으로 조정된 지수로 GFI지수기준과 같다. 표준부합치(NFI)는 Bentler와 Bonett(1980)이 제시한 지수로서, 0.9보다 크면 '잘 맞는 또는 잘 부합하는' 모델(good-fitting model)로 해석한다. 비표준부합치(NNFI)는 TLI(Tucker-Lewis Index)로 불리기도 하며, 분모는 가장 잘 안 맞는 모델과 가장 잘 맞는 모델 사이의 일종의 거리를 의미한다. 분자는 연구자가 설정한 모델이 가장 안 맞는 모델에서 얼마나 멀리 떨어져 있는가를 보여주는 또 하나의 거리를 의미한다. 보통 0과 1 사이에 있으며 0.9보다 크면 잘 맞는 모델로 간주한다. 평균 제곱 잔차 제곱근(RMR: Root mean square residual)은 원소간 평균차이로서 분석 자료의 매트릭스와 미지수들에 의해 재생산된 매트릭스 간의 원소들이 얼마나 차이가 있는가를 보여준다. 즉 표본 매트릭스와 재생산된 매트릭스 간의 원소들의 평균적 차이를 의미한다. 극히 잘 맞는 모델이라면 0에 가깝게, 잘 안 맞을수록 보다 큰 양의 숫자를 갖는다(홍세희, 2006).

<표 V-14>은 모형의 적합도 평가를 보여주고 있다. 구조모형의 부합도는 χ^2=647.94(자유도=355), χ^2/df=3.83으로서 기준치인 3.0이상이며, RMR=0.06, GFI=0.90, AGFI=0.80, NFI=0.89, NNFI=0.97, CFI=0.92로 GFI와 AGFI의 지수가 일반적인 평가기준에 약간 미달하지만, 현재의 수준에서 분석에 이용하는 데 무리가 없는 것으로 판단된다.

정보시스템 분야에서 GFI와 AGFI의 지수가 0.8보다 크면 모형의 부합도가 좋은 것으로 간주되며(김계수, 2004). NFI 및 NNFI 등과 같은 Bentler와 Benett 지수에서 시사하는 바와 같이 변인들 간의 아무런 관계가 없다고 가정하는 기초모형(null model)에 비해서는 상당한 모형 부합도의 개선이 이루어졌음을 알 수 있다. 그 결과 전반적으로 설정된 구조모형이 인정될 수 있을 것으로 해석된다.

〈표 Ⅴ-14〉 모형의 적합도 평가

	χ^2	자유도	χ^2/d.f.	RMR	GFI	AGFI	NFI	NNFI	CFI
평가 기준	–	–	≤3.0	≤0.05	≥0.9	≥0.9	≥0.9	≥0.9	≥0.9
분석 결과	647.94	169	3.83	0.06	0.90	0.80	0.89	0.97	0.92

나. e-Learning 교육시스템의 모형분석

학습참여도 관련 변인에 대한 관계모형의 측정구조에서 경로 계수 (B), 측정오차(SEB), 표준화계수(β)와 t값 및 SMC가 〈표 Ⅴ-14〉에 제시되어 있다. 이들은 측정구조에서 측정변인과 이론변인 간의 경로로서, 측정변인이 이론변인을 잘 설명하는지 통계적으로 검증하기 위한 지수들이다. 여기에서 t값은 경로계수를 표준오차로 나눈 값을 이용한다. 이것은 t분포가 된다는 사실로부터 t검정에 의해 검정하는 데 1.96 이상이면 5%의 유의수준에서 가설을 기각하고 "인과관계가 있다"고 할 수 있는데 이를 CR(Critical Ratio)이라고 한다.

〈표 Ⅴ-15〉에서 보듯이 모든 분석과정에서 이들 경로 중 지각적 각성, 목적지향성, 학습기대감, 내재적 강화는 공통적으로 1.00으로 고정되었다(김계수, 2004).

이 모형의 이론변인들의 효과를 살펴보기 위하여 이론구조의 경로 계수(B), 측정오차(SEB), 표준화계수(β)와 t값을 〈표 Ⅴ-15〉에 제시 하였다. 이들 또한 이론구조의 경로가 통계적으로 유의한지 통계적 으로 검증하기 위한 지수들이며, 해당경로의 직접효과를 검증한다. AMOS 프로그램 결과 제시되는 이론구조 경로의 전체, 직접 및 간접 효과를 <표 Ⅴ-15>에 제시하였으며, 이 또한 그 효과성을 통계적으로 검증하기 위하여 경로계수(B), 측정오차(SEB), 표준화계수(β)와 t값을 제시하였다.

<표 Ⅴ-15>에서 측정구조를 먼저 분석하여 보면 각 측정변인이 측정하고자 하는 내용을 측정하고 있는지 검증하는 마치 요인분석에서의 요인부하량과 같은(양병화, 2004) 기능을 하는 측정변인들의 계수가 모두 통계적으로 유의(p<.001)하며, β값의 범위가 .579~.956까지이므로 대체로 양호하다고 하겠다. 또한 각 변인의 잠재변인에 대한 설명변량을 의미하는 SMC가 대체로 높은 편이다. 그러므로 12개의 측정변인으로 4개의 이론적 잠재변인을 정확히 측정하는지에 대해서는 통계적으로 그 타당성이 인정되었다고 할 수 있다.

〈표 Ⅴ-15〉 학습참여도 관련 변인의 관계구조 검증을 위한 측정구조의 검증

이론변인	측정변인	비표준화			표준화	SMC
		회귀계수(B)	표준오차(SEB)	C.R.(T)	회귀계수(β)	(R^2)
주의력	다양성	1.000			0.875	0.765
	탐구적각성	0.740	0.045	16.296***	0.749	0.561
	지각적각성	0.865	0.047	18.368***	0.786	0.618
관련성	친밀성	1.000			0.755	0.570
	모티브일치	1.116	0.070	15.917***	0.854	0.729
	목적지향성	1.048	0.076	13.708***	0.719	0.517
자신감	개인적 통제	1.000			0.956	0.914
	성공확신	0.691	0.051	13.554***	0.579	0.335
	학습기대감	0.735	0.044	16.662***	0.661	0.437
만족감	내재적강화	1.000			0.579	0.336
	외재적보상	1.496	0.111	13.459***	0.982	0.964
	공정성	1.083	0.100	10.803***	0.677	0.458

***P<.001

다승상관자승치(SMC: Squared Multiple Correlation)는 0과 1 사이에 있으며 1에 가까울수록 측정변인의 움직임을 많이 포괄해주는 또는 정확하게 예측해주는 것을 의미하며, 이론변인에 대해 측정변인이 설명하는 정도로 회귀식에서의 R-square와 같다. 즉 측정변인의 SMC가 높으면 이론변인의 좋은 측정변인임을 나타낸다(이순묵, 1990).

이론변인에 대한 측정변인의 설명력이 타당한 것으로 검증되었으므로, 연구문제 4를 검증하기 위하여 이론구조에 있어서의 이론경로의 직접 효과에 대한 검증을 <표 V-16>과 같이 하였다. <표 V-16>에서 보면 이론구조의 검증결과 학습참여도와 학습만족도에 영향을 미치는 직접 경로가 통계적으로 유의한 것으로 나타났다.

〈표 V-16〉 학습참여도 관련 변인과 학습만족도, 학업성취도의 관계구조 검증을 위한 이론구조의 검증

경 로	비표준화				표준화	결과
	회귀계수 (B)	표준오차 (SEB)	C.R. (T)	유의수준 (P)	회귀계수 (β)	
주의력 ⇒ 학습참여도	0.624	0.097	6.457***	0.000	0.617	채택
관련성 ⇒ 학습참여도	0.324	0.142	2.291*	0.022	0.243	채택
자신감 ⇒ 학습참여도	-0.258	0.142	-1.814	0.070	-0.241	기각
만족감 ⇒ 학습참여도	0.506	0.221	2.292*	0.022	0.324	채택
주의력 ⇒ 학습만족도	-0.226	0.117	-1.923	0.055	-0.295	기각
관련성 ⇒ 학습만족도	-0.057	0.109	-0.521	0.602	-0.056	채택
자신감 ⇒ 학습만족도	0.080	0.101	0.789	0.430	0.098	기각
만족감 ⇒ 학습만족도	-0.240	0.156	-1.538	0.124	-0.203	기각
주의력 ⇒ 학업성취도	0.303	0.093	3.275***	0.001	0.379	채택
관련성 ⇒ 학업성취도	0.461	0.124	3.714***	0.000	0.436	채택
자신감 ⇒ 학업성취도	-0.067	0.111	-0.600	0.548	-0.079	기각

경 로	비표준화				표준화	결과
	회귀계수 (B)	표준오차 (SEB)	C.R. (T)	유의수준 (P)	회귀계수 (β)	
만족감 ⇒ 학업성취도	0.026	0.172	0.154	0.878	0.021	기각
학습참여도 ⇒ 학습만족도	1.109	0.159	6.965***	0.000	1.464	채택
학습참여도 ⇒ 학업성취도	0.178	0.074	2.397*	0.017	0.225	채택

* P<.05 ***P<.001

다. 자기조절효능감에 의한 조절효과 분석

가설 5. 학습자의 자기조절효능감에 따라서 학습자의 주의력 요인, 관련성 요인, 자신감 요인, 만족감 요인과 e-Learning 교육시스템 학습자의 학습참여도 간의 관계를 조절할 것이다.

가설 5-1. 자기조절효능감에 따라서 주의력 요인과 e-Learning 교육시스템 학습자의 학습참여도와의 관계가 달라진다.

가설 5-2. 자기조절효능감에 따라서 관련성 요인과 e-Learning 교육시스템 학습자의 학습참여도와의 관계가 달라진다.

가설 5-3. 자기조절효능감에 따라서 자신감 요인과 e-Learning 교육시스템 학습자의 학습참여도와의 관계가 달라진다.

가설 5-4. 자기조절효능감에 따라서 만족감 요인과 e-Learning 교육시스템 학습자의 학습참여도와의 관계가 달라진다.

학습만족도를 향상시키는 데 있어서 자기조절효능감을 e-Learning 교육시스템의 학습자의 주의력, 관련성, 자신감, 만족감과 학습참여도 간의 관계를 조절하는 변인으로서 제시하였다.

앞의 연구결과에 기초하여 본 연구에서는 e-Learning 교육시스템에서 학습참여도에 미치는 영향에 자기조절효능감과 유의한 차이가 발생하는지를 살펴보기로 한다.

본 연구는 자기조절효능감의 평균을 기준으로 두 집단으로 구분하여 통계적 검증(unpaired t-test)을 실시하고, 자기조절효능감이 낮은 집단과 자기조절효능감이 높은 집단 간에 유의한 차이가 있는지를 비교 분석하였다. <표 Ⅴ-17>을 보면 자기조절효능감의 차이에 따라 교육시스템의 학습참여도에 어느 정도 영향을 미치고 있음을 알 수 있다.

〈표 Ⅴ-17〉 자기조절효능감이 학습참여도에 미치는 영향

경로	자기조절효능감이 낮은 집단			자기조절효능감이 높은 집단			C.R.	sig	결과
	B	SEB	C.R.	B	SEB	C.R.			
주의력 → 학습참여도	0.18	0.14	1.5	0.69	0.15	5.05	-32.97***	0.000	채택
관련성 → 학습참여도	0.38	0.10	3.2	-0.24	0.15	-2.5	42.94***	0.000	채택
자신감 → 학습참여도	0.14	0.17	0.8	0.14	0.08	1.75	0.38	0.704	기각
만족감 → 학습참여도	0.27	0.12	1.6	0.30	0.09	3.55	-3.30*	0.001	채택

* P<.05 ***P<.001

분석결과 자기조절효능감의 차이에 따라 주의력과 e-Learning 교육시스템 학습참여도와의 관계(t=-32.97, p<0.000)의 차이가 유의하게 나타났다. 자기조절효능감이 낮은 학습자들의 주의력이 학습참여

도에 미치는 영향에 대한 경로계수(B=0.18, t=1.5, p>0.05)는 유의하게 나타나지 않았으며, 자기조절효능감이 높은 학습자들의 주의력이 학습참여도에 미치는 영향에 대한 경로계수(B=0.69, t=5.05, p<0.05)는 유의하게 나타났다. 즉 자기조절효능감이 높은 학습자의 경우에는 주의력이 학습참여도에 중요한 영향을 주고 있었으나 자기조절효능감이 낮은 학습자의 경우에는 주의력이 학습참여도에 전혀 영향을 미치고 있지 않았다. 즉 평균적으로 주의력은 학습참여도에 유의한 영향을 미치나, 자기조절효능감의 차이에 따라 그 효과의 유의성 자체가 차이가 나는 것으로 보아, 자기조절효능감은 주의력 요인의 영향에 대하여 상당한 조절효과를 보인다고 결론 내릴 수 있다.

자기조절효능감의 차이에 따른 관련성과 학습참여도와의 관계(t=42.94, p<0.05)의 차이도 유의하게 나타났다. 각 경로계수를 살펴보면, 자기조절효능감이 낮은 학습자들의 관련성이 학습참여도에 미치는 영향의 경로계수(B=0.38, t=3.2, p<0.05)와, 자기조절효능감이 높은 학습자들의 관련성이 학습참여도에 미치는 영향의 경로계수(B= -0.24, t= -2.5, p<0.05)는 모두 유의하게 나타났다. 즉 자기조절효능감이 낮은 학습자에게는 관련성이 학습자의 학습참여도에 긍정적인 효과를 주었으나, 자기조절효능감이 높은 학습자에게는 관련성이 학습자의 학습참여도에 부적인 영향을 주고 있었다. 즉 자기조절효능감이 낮은 학습자에게는 관련성에 긍정적인 관심과 호감도를 가져 학습을 좋아하나, 자기조절효능감이 높은 학습자는 관련성과 관계없이 학습을 좋아하는 걸로 나타났다. 이는 관련성 요인이 학습자 학습참여도에 미치는 영향은 자기조절효능감 조절변인 효과와 반대로 나타난 흥미로운 결과인 것이다. 평균적으로 관련성 요인은 학습자

학습참여도에 유의한 영향을 미치나, 자기조절효능감의 차이에 따라 그 효과의 유의성 자체가 차이가 나는 것으로 보아, 자기조절효능감은 주의력 요인의 영향에 대하여 상당한 조절효과를 보인다고 결론 내릴 수 있다.

자기조절효능감에 따른 자신감과 e-Learning 교육시스템 학습참여도와의 관계(t=0.38, p<0.05)의 차이는 유의하지 않게 나타났다. 또한 자기조절효능감이 낮은 학습자들의 경로계수(B=0.14, t=0.8, p<0.05)와 자기조절효능감이 높은 학습자들의 경로계수(B=0.14, t=1.74, p<0.05)는 모두가 유의하지 않게 나타났다. 즉 자기조절효능감의 차이는 자신감과 전혀 상호작용하지 않는 것으로 분석되었다. 따라서 학습자가 뚜렷한 자기조절효능감의 차이를 보이는 경우, 자신감 요인보다는 다른 요인에 더욱 신경을 쓰는 것이 타당할 수 있다는 결론을 내릴 수 있겠다.

자기조절효능감 차이에 따른 만족감과 학습참여도(t=-3.30, p<0.000)와의 차이는 다르게 나타났다. 자기조절효능감이 낮은 학습자들의 만족감이 학습참여도에 미치는 영향에 대한 경로계수(B=0.27, t=1.6, p>0.05)는 유의하게 나타나지 않았으며, 자기조절효능감 높은 학습자들의 만족감이 학습참여도에 미치는 경로계수(B=0.30, t=3.55, p<0.05)는 유의하게 나타났다. 즉 자기조절효능감 높은 학습자일수록 만족감이 학습참여도에 중요한 영향을 주고 있었으나, 자기조절효능감 낮은 학습자의 경우에는 이러한 차이가 학습참여도에 전혀 영향을 미치고 있지 않는 것으로 분석되었다. 즉 평균적으로 만족감 요인은 학습자의 학습참여도에 유의한 영향을 미치나, 학습자의 자기조절효능감 차이별로 그 효과의 유의성 자체가 차이가 나는 것으로 보아, 자기조절

효능감의 학습자 차이는 만족감 요인의 영향에 대하여 상당한 조절
효과를 보인다고 결론 내릴 수 있다.

라. 컴퓨터 자기효능감에 의한 조절효과 분석

가설 6. 학습자의 컴퓨터 자기효능감에 따라서 학습자의 주의력 요
인, 관련성 요인, 자신감 요인, 만족감 요인과 e-Learning 교육시스
템 학습자의 학습참여도 간의 관계를 조절할 것이다.

가설 6-1. 컴퓨터 자기효능감에 따라서 주의력 요인과 e-Learning
교육시스템 학습자의 학습참여도와의 관계가 달라진다.

가설 6-2. 컴퓨터 자기효능감에 따라서 관련성 요인과 e-Learning
교육시스템 학습자의 학습참여도와의 관계가 달라진다.

가설 6-3. 컴퓨터 자기효능감에 따라서 자신감 요인과 e-Learning
교육시스템 학습자의 학습참여도와의 관계가 달라진다.

가설 6-4. 컴퓨터 자기효능감에 따라서 만족감 요인과 e-Learning
교육시스템 학습자의 학습참여도와의 관계가 달라진다.

학습참여도를 향상시키는 데 있어서 컴퓨터 자기효능감을 e-Learning
교육시스템의 학습자의 주의력, 관련성, 자신감, 만족감과 학습참여
도 간의 관계를 조절하는 변인으로서 제시하였다.

앞의 연구결과에 기초하여 본 연구에서는 e-Learning 교육시스템
에서 학습참여도에 미치는 영향에 컴퓨터 자기효능감과 유의한 차이
가 발생하는지를 살펴보기로 한다.

이 연구는 앞에서 분석한 자기조절효능감의 분석방법과 같은 방법
으로 수행하였다. <표 Ⅴ-18>을 보면 컴퓨터 자기효능감의 차이에

따라 e-Learning 교육시스템의 학습참여도에 어느 정도 영향을 미치고 있음을 알 수 있다.

<표 Ⅴ-18> 컴퓨터 자기효능감이 학습참여도에 미치는 영향

경로	컴퓨터 자기효능감이 낮은 집단			컴퓨터 자기효능감이 높은 집단			C.R.	sig	결과
	B	SEB	C.R.	B	SEB	C.R.			
주의력 → 학습참여도	0.46	0.18	1.90	0.42	0.13	4.10	2.52*	0.012	채택
관련성 → 학습참여도	0.04	0.14	0.33	0.10	0.11	2.90	9.86***	0.000	채택
자신감 → 학습참여도	0.20	0.07	2.15	0.34	0.16	2.56	-11.05***	0.000	채택
만족감 → 학습참여도	0.19	0.08	2.00	0.30	0.09	3.07	-10.70***	0.000	채택

* $P<.05$ ***$P<.001$

분석결과 컴퓨터 자기효능감의 차이에 따라 주의력과 e-Learning 교육시스템 학습참여도와의 관계($t=2.52$, $p<0.05$)의 차이가 유의하게 나타났다. 컴퓨터 자기효능감이 낮은 학습자들의 주의력이 학습참여도에 미치는 영향에 대한 경로계수($B=0.18$, $t=1.90$, $p>0.05$)는 유의하게 나타나지 않았으며, 컴퓨터 자기효능감이 높은 학습자들의 주의력이 학습참여도에 미치는 영향에 대한 경로계수($B=0.42$, $t=4.10$, $p<0.05$)는 유의하게 나타났다. 즉 컴퓨터 자기효능감이 높은 학습자의 경우에는 주의력이 학습참여도에 중요한 영향을 주고 있었으나 컴퓨터 자기효능감이 낮은 학습자의 경우에는 주의력이 학습참여도

에 전혀 영향을 미치고 있지 않았다. 즉, 평균적으로 주의력은 학습 참여도에 유의한 영향을 미치나, 컴퓨터 자기효능감의 차이에 따라 그 효과의 유의성 자체가 차이가 나는 것으로 보아, 컴퓨터 자기효능감은 주의력 요인의 영향에 대하여 상당한 조절효과를 보인다고 결론 내릴 수 있다.

컴퓨터 자기효능감의 차이에 따른 관련성과 학습참여도와의 관계(t=9.87, p<0.001)의 차이도 유의하게 나타났다. 각 경로계수를 살펴보면, 컴퓨터 자기효능감이 낮은 학습자들의 관련성이 학습참여도에 미치는 영향의 경로계수(B=0.04, t=0.33, p<0.05)는 유의하게 나타나지 않았으며, 컴퓨터 자기효능감이 높은 학습자들의 관련성이 학습참여도에 미치는 영향의 경로계수(B=0.10, t=2.90, p<0.05)는 유의하게 나타났다. 즉 컴퓨터 자기효능감이 낮은 학습자에게 관련성이 학습자의 학습참여도에 전혀 영향을 미치고 있지 않았으나 자기조절효능감이 높은 학습자에게는 관련성이 학습자의 학습참여도에 긍정적인 영향을 주고 있었다. 즉 평균적으로 관련성은 학습참여도에 유의한 영향을 미치나, 컴퓨터 자기효능감의 차이에 따라 그 효과의 유의성 자체가 차이가 나는 것으로 보아, 컴퓨터 자기효능감은 관련성 요인의 영향에 대하여 상당한 조절효과를 보인다고 결론 내릴 수 있다.

컴퓨터 자기효능감에 따른 자신감과 시스템 성공과의 관계(t=−11.05, p<0.05)의 차이는 유의하게 나타났다. 이는 컴퓨터 자기효능감의 특성에 따라서 자신감이 시스템 성공에 다른 영향을 주고 있다는 것을 의미한다. 그러나 각 집단별 경로계수를 살펴보면, 컴퓨터 자기효능감 낮은 집단 학습자들의 자신감이 학습참여도에 미치는 영향에 대한 경로계수(B=0.20, t=2.15, p<0.05)와 컴퓨터 자기효능감 높은 집단 학습

자들의 자신감이 학습참여도에 미치는 영향에 대한 경로계수(B=0.34, t=2.56, p<0.05)가 유의하게 나타나, 컴퓨터 자기효능감 조절효과가 자신감의 학습참여도에 대한 영향은 유의하게 조절하지 않았다. 즉 컴퓨터 자기효능감의 차이는 자신감과 전혀 상호작용하지 않는 것으로 분석되었다.

컴퓨터 자기효능감 차이에 따른 만족감과 학습참여도(t=-10.70, p<0.000)의 차이도 나타났다. 컴퓨터 자기효능감이 낮은 학습자들의 만족감이 학습참여도에 미치는 영향에 대한 경로계수(B=0.19, t=2.0, p>0.05)와 컴퓨터 자기효능감 높은 학습자들의 만족감이 학습참여도에 미치는 경로계수(B=0.30, t=3.07, p<0.05)는 유의하게 나타났다. 즉 컴퓨터 자기효능감 높은 학습자 보다 컴퓨터 자기효능감 낮은 학습자에 있어서 만족감이 학습참여도에 더 중요한 영향을 준다고 할 수 있으나, 두 집단 모두 만족감은 중요하게 나타났다.

Ⅵ. 요약 및 결론

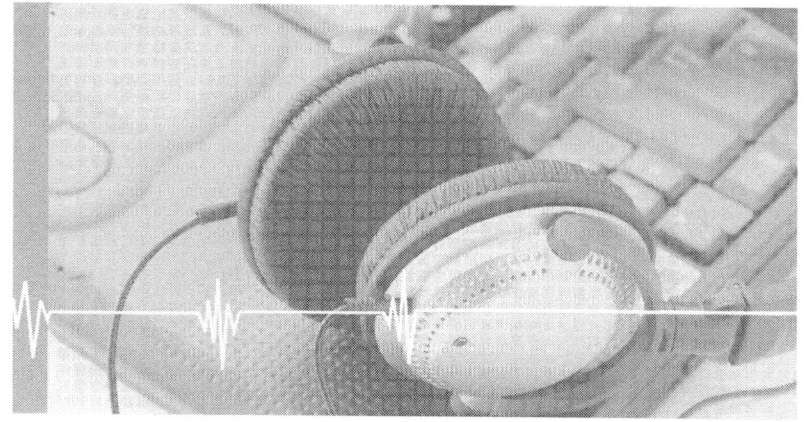

지금까지 본 연구를 통하여 얻은 연구결과를 토대로 하여 그 결과들이 갖고 있는 함의에 대해 논의하며 연구결과를 종합하여 요약과 결론을 제시하고자 한다.

A. 요약

본 연구는 ARCS e-Learning 교육시스템 과정에서 학습자들의 학습 성과에 영향을 줄 수 있는 주의력 요인, 관련성 요인, 자신감 요인, 만족감 요인과 같은 독립변인들이 학습참여도, 학습만족도, 학업성취도에 미치는 영향력을 분석하는 데 주목적이 있다. 다음으로 주의력 요인, 관련성 요인, 자신감 요인, 만족감 요인과 학습참여도 간에 자기조절효능감과 컴퓨터 자기효능감이라는 조절변인을 도입하여 그 관계를 살펴봄으로써 자기조절효능감과 컴퓨터 자기효능감이 학습참여도를 높일 수 있는 조절변인으로서의 역할을 수행할 수 있는지의 가능성을 살펴보려는 것이다.

본 연구의 결과는 다음과 같다.

첫째, 주의력 요인이 학습자의 탐구 태도를 유발하는 탐구적 각성, 지각적 각성, 다양성이 학습참여도에 긍정적인 영향을 미치는 것으로 나타났다. 탐구적 각성은 교수자와의 상호작용이 어느 정도로 활발했다고 인식하느냐에 따라 학습참여도에 차이가 있다는 결과가 분석되었다. 이는 정재삼과 임규연(2000)의 연구 결과와 일치함을 보이고 있다. 즉 교수자가 토론에 관심을 가지고 참여한다고 인식할수록 학습자도 이에 부응하여 적극적으로 참여하는 경향이 있다. 이는 학습자의 탐구태도를 유발하여 탐구자로 하여금 도전적 사고를 높이는 요인으로 작용할 것이다. 따라서 교수자가 토론에 참여하여 조언을 해주고 방향을 제시하는 등의 활동이 학습자의 학습참여도를 촉진하기 위한 중요한 조건임을 확인할 수 있다. 또한 무언가 흥미로운 내용이 제시될 것이라는 학습자의 기대와 감각을 자극하여 주의집중을 불러일으킬 수 있는 지각적 각성 전략이 학습참여도에 영향을 미치고 있음을 밝힌 Keller(1987)의 연구 결과와 관련이 있다고 볼 수 있다. 즉 학습자가 알고자 하는 욕구를 깨우쳐 주었을 때 학습참여도에 영향을 미치며, 동기유발 방법 및 제시 속도에 변화를 주어 지루함을 극복하게 해 주며 사람들의 감각 추구 요구에 부합하도록 해 주는 것이 필요하다는 것을 의미한다.

주의집중을 얻기 위해서는 지각적 각성, 탐구적 각성, 다양성에 적절한 균형을 이루는 것이 필요하고, 학습자들은 각각 자극에 대하여 반응하는 것이 다르고, 교사가 학습자들의 선호하는 환경과 전략을 이해하고 그러한 전략을 어떻게 적용할 것인가를 연구함으로써 학습자를 수업에 집중시키고 흥미를 집중시킬 수 있다. 즉 각종 삽화나 도표, 애니메이션, 그래프의 사용, 다양한 글자체의 사용 등으로 주의력을 유발하면 학습참여도가 유발될 수 있음을 알 수 있게 한다.

학습자의 주의집중을 유발하는 것이 중요하지만, 더 중요한 것은 그것을 유지하는 것이다. 만약 교사가 학습자들에게 더 깊은 수준의 호기심을 깨우쳐 준다면, 그들은 단순히 감각을 자극할 때보다 훨씬 주의집중을 잘 할 것이다. 문제 해결활동을 스스로 구성하거나 관련된 연상을 스스로 만들어 보도록 한 후 질문-응답-피드백의 상호작용 활용은 학습참여도와 높은 관련이 있음을 시사한다.

또한 일반적인 정보제시 방식의 강의 형태와 상호작용식 교수-학습의 기회와 토론식 수업을 혼합하고 교수자료의 형태에 있어 일관성을 유지하되 학습자의 흥미를 유지시키기 위하여 그림, 표, 다양한 글자 형태 등 적절한 변화를 추구하는 방법도 긍정적인 영향을 받을 수 있음을 의미한다.

둘째, 관련성 요인에서 모티브일치만이 학습참여도에 긍정적인 영향을 미치는 것으로 나타났다. 모티브일치는 토론 학습을 통한 학습자의 동기를 증대시키는 것으로 학생들이 e-Learning 교육에서 사회적 통합, 대인접촉, 사회적 존재감의 형성 등을 중요시 생각한다고 볼 수 있다. 즉 e-Learning 교육은 학습자에게 다양한 종류에 커뮤니케이션에 참여할 수 있게 함으로써, 학습자의 학습참여도를 높이고 학습만족도와 학업성취도를 가지고 올 수 있다.

셋째, 자신감 요인에서 성공확신, 학습 기대감, 개인적 통제가 학습참여도에 긍정적인 영향을 미치는 것으로 나타났다. 학습 기대감으로 학습자에게 평가기준, 평가조건 및 학습목표를 알려주는 것은 학습자들의 자신감을 회득하게 하는 데 도움이 되고, 학습자들은 자신들이 달성해야 할 성취목표를 알고 있을 때, 성공에 대한 자신감이 높아진다는 것을 보여주고 있다. 이러한 원리는 교수과정에서도 적용된다. 수업이 언어문제, 내적인 일관성의 결여, 부적절한 연습 등으로 인하여 혼란스러워진다면, 학습자의 학습 기회는 감소되고 성공 가능성에 대한 자신감도 감소하게 된다고 밝힌 강명희(1994)의 연구와 일치된 결과가 나왔다고 할 수 있다. 그리고 성공확신은 과정과 수행의 조건에서 의미 있는 성공의 경험을 할 수 있게 적절한 수준의 도전감을 제공하는 것이 중요하고, 쉬운 내용에서 어려운 내용으로 수업을 조직하는 내용이 필요하다는 강명희(1994)의 연구 결과와도 관련이 있다. 즉 학습의 필요조건과 선수지식과 부합시켜 지나친 도전이나 권태를 방지하고 적절한 수준의 도전감을 부여하고, 시간의 조절, 자극의 속도 조절, 상황의 복잡성 조절 등으로 다양한 수준의 난이도를 제공하는 방법이 필요함을 알 수 있기 때문으로 볼 수 있다.

넷째, 만족감 요인에서 개인적 노력과 성취에 대한 피드백과 정보의 제공 등의 내재적 강화와, 공정성이 학습자의 학습참여도를 향상시키고 있는 것으로 나타나 있다. 내재적 강화 측면에서 학습자들이 자신의 학습 상태와 결과를 확인할 수 있도록 충분한 평가를 제공하는 것이 중요하다는 점을 시사하고 있는 윤여순(2000)의 견해는 본 연구 결과를 지지한다. 또한 운영자는 이러한 평가결과에 대한 적극적인 피드백을 통하여 학습자와의 친근감으로 표현할 필요가 있다고 밝힌 윤경희(1999)의 연구 결과와 일치한다. 친절한 피드백은 학습자들의 심리적 불안감을 해소하여 학습참여도의 향상에 도움을 줄 수 있다. 공정성이 교육 학습참여도에 영향을 미친다는 것은, 학습자가 자신의 수행이 공정하게 판단되지 않는다고 믿거나, 혹은 성공에 수반되어야 할 다른 기회나 보상이 주어지지 않는다고 믿는다면 성공적인 학습경험을 가질 수 없다는 것을 의미한다. 즉 수업의 목표와 내용이 일관성 있게 제시될 때 학습자는 자신들이 목표에 대해 기대했던 것과 일치되게 느낀다고 볼 수 있기 때문이다.

다섯째, 조절변인에 대해서는, 주의력 요인, 관련성 요인, 만족감 요인과 학습참여도와의 관계는 유의한 조절변인 효과의 차이가 있는 것으로 나타났으며, 자신감요인과는 조절효과가 존재하지 않는 것으로 나타났다. 주의력 요인과 교육 학습참여도와의 관계에서는 자기조절효능감이 높은 학습자의 경우에는 주의력 요인이 학습참여도에 중요한 영향을 주고 있었으나 자기조절효능감이 낮은 학습자의 경우에는 주의력 요인이 학습참여도에 전혀 영향을 미치고 있지 않았다. 즉 평균적으로 주의력은 학습참여도에 유의한 영향을 미치나, 자기조절효능감의 차이에 따라 그 효과의 유의성 자체가 차이가 나는 것으로 보아, 자기조절효능감은 주의력 요인의 영향에 대하여 상당한 조절효과를 보인다고 해석할 수 있었다. 관련성 요인과 학습참여도와의 관계에 대해서는 자기조절효능감이 낮은 학습자에게는 관련성이 학습자의 학습참여도에 긍정적인 효과를 주었으나, 자기조절효능감이 높은 학습자에게는 관련성이 학습자의 학습참여도에 부적인 영향을 주고 있었다. 즉 자기조절효능감이 낮은 학습자에게는 관련성에 긍정적인 관심과 호감도를 가져 학습을 좋아하나, 자기조절효능감이 높은 학습자는 관련성과 관계없이 학습을 좋아하는 걸로 나타났다. 이는 관련성 요인이 학습자 학습참여도에 미치는 영향은 자기조절효능감의 조절변인 효과와 반대로 나타난 흥미로운 결과인 것이다. 만족감 요인과 학습참여도와의 관계는 유의하게 나타났으며, 자기조절효능감이 높은 학습자일수록 만족감이 학습참여도에 중요한 영향을 주고 있었으나, 자기조절효능감이 낮은 학습자의 경우에는 이러한 차이가 학습참여도에 전혀 영향을 미치고 있지 않는 것으로 분석되었다. 즉 평균적으로 만족감 요인은 학습자의 학습참여도에 유의한 영향을 미치나, 학습자의 자기조절효능감 차이별로 그 효과의 유의성 자체가 차이가 나는 것으로 보아, 자기조절효능감의 학습자 차이는 만족감 요인의 영향에 대하여 상당한 조절 효과를 보인다고 결론 내릴 수 있었다. 그러나 자신감 요인과 학습참여도의 관계의 차이는 유의하지 않게 나타났다. 이는 자기조절효능감의 차이가 자신감과 전혀 상호작용하지 않기 때문이다.

여섯째, 컴퓨터 자기효능감의 차이에 따라 주의력과 ARCS e-Learning 교육시스템 학습자의 학습참여도와의 관계의 차이가 유의하게 나타났다. 컴퓨터 자기효능감이 낮은 학습자들의 주의력이 학습참여도에 미치는 영향에 대한 경로계수는 유의하게 나타나지 않았으며, 컴퓨터 자기효능감이 높은 학습자들의 주의력이 학습참여도에 미치는 영향에 대한 경로계수는 유의하게 나타났다. 즉 컴퓨터 자기효능감이 높은 학습자의 경우에는 주의력이 학습참여도에 중요한 영향을 주고 있었으나 컴퓨터 자기효능감이 낮은 학습자의 경우에는 주의력이 학습참여도에 전혀 영향을 미치고 있지 않았다. 즉 평균적으로 주의력은 학습참여도에 유의한 영향을 미치나, 컴퓨터 자기효능감의 차이에 따라 그 효과의 유의성 자체가 차이가 나는 것으로 보아, 컴퓨터 자기효능감은 주의력 요인의 영향에 대하여 상당한 조절효과를 보인다고 결론 내릴 수 있다.

컴퓨터 자기효능감의 차이에 따른 관련성과 학습참여도와의 관계의 차이도 유의하게 나타났다. 각 경로계수를 살펴보면, 컴퓨터 자기효능감이 낮은 학습자들의 관련성이 학습참여도에 미치는 영향의 경로계수는 유의하게 나타나지 않았으며, 컴퓨터 자기효능감이 높은 학습자들의 관련성이 학습참여도에 미치는 영향의 경로계수는 유의하게 나타났다. 즉 컴퓨터 자기효능감이 낮은 학습자에게 관련성이 학

습자의 학습참여도에 전혀 영향을 미치고 있지 않았으나 자기조절효
능감이 높은 학습자에게는 관련성이 학습자의 학습참여도에 긍정적
인 영향을 주고 있었다. 즉, 평균적으로 관련성은 학습참여도에 유의
한 영향을 미치나, 컴퓨터 자기효능감의 차이에 따라 그 효과의 유의
성 자체가 차이가 나는 것으로 보아, 컴퓨터 자기효능감은 관련성 요
인의 영향에 대하여 상당한 조절효과를 보인다고 결론 내릴 수 있다.

컴퓨터 자기효능감에 따른 자신감과 시스템 성공과의 관계의 차이
는 유의하게 나타났다. 이는 컴퓨터 자기효능감의 특성에 따라서 자
신감이 시스템 성공에 다른 영향을 주고 있다는 것을 의미한다. 그
러나 각 집단별 경로계수를 살펴보면, 컴퓨터 자기효능감 낮은 집단
학습자들의 자신감이 학습참여도에 미치는 영향에 대한 경로계수와
컴퓨터 자기효능감 높은 집단 학습자들의 자신감이 학습참여도에 미
치는 영향에 대한 경로계수가 유의하게 나타나, 컴퓨터 자기효능감
조절효과가 자신감의 학습참여도에 대한 영향은 유의하게 조절하지
않았다. 즉 컴퓨터 자기효능감의 차이는 자신감과 전혀 상호작용하
지 않는 것으로 분석되었다.

컴퓨터 자기효능감 차이에 따른 만족감과 학습참여도의 차이도 나
타났다. 컴퓨터 자기효능감이 낮은 학습자들의 만족감이 학습참여도
에 미치는 영향에 대한 경로계수와 컴퓨터 자기효능감 높은 학습자
들의 만족감이 학습참여도에 미치는 경로계수는 유의하게 나타났다.
즉 컴퓨터 자기효능감 높은 학습자 보다 컴퓨터 자기효능감 낮은 학
습자에 있어서 만족감이 학습참여도에 더 중요한 영향을 준다고 할
수 있으나, 두 집단 모두 만족감은 중요하게 나타났다.

B. 결론 및 제언

1. 결론

지금까지 논의된 연구 결과를 중심으로 본 연구에 대한 결론과 시사점을 함께 정리하면 다음과 같다.

첫째, e-Learning 교육시스템 학습자의 학습 성과 증진을 위해서는 무엇보다도 효과적인 동기 설계와 동기 지속 전략 수립이 필요하다. e-Learning 교육시스템 학습자는 자발적으로 학습에 참여하기 때문에 높은 학습 동기를 갖고 있지만, 사회적 삶과 학습을 병행해야 한다는 점으로 인해 학습 과정 중에 직장과 가정의 여러 가지 변화나 스트레스로 학습 동기를 잃게 될 가능성이 있기 때문에 성인 학습자를 위한 e-Learning 교육시스템 과정에서는 효과적인 동기 설계와 동기 지속 전략을 수립하는 데 초점을 두어야 한다.

e-Learning 교육시스템을 실시하는 교육기관에서는 학습 초기 동기 유발을 위한 전략과 학습 진행 동안 동기 유지를 위한 전략을 단계적으로 수립할 필요가 있다. 학습자들이 학습초기에 높은 학습 동기를 갖고 있다 할지라도 가상강의실 접속상의 문제로 인해 해결 방안을 쉽게 찾지 못해 고립감을 느끼게 되면, 점차 학습 의욕이 저하될 수밖에 없기 때문에 우선 학습 초기에 가상강의실 접속 상의 문제를 최소화하고 학습자들이 컴퓨터 관련 기술의 부족으로 자주 발생하는 문제에 대해서는 사전에 안내를 해주는 등 가상 수업 초기의 동기 유지를 위한 전략이 필요하다. 이와 더불어 새로운 교육 방

법에 적응하기 위한 지원과 자기소개 코너, 동료 학습자간의 간략한 신상 정보를 파악할 수 있는 코너의 마련을 통해 학습자간의 우호적인 분위기와 친밀감 형성의 기회를 학습 초기에 제공해야 한다.

또한 e-Learning 교육시스템 학습자들은 자신의 문제상황을 해결하기 위해 학습에 참여하는 경향이 높기 때문에 이들에게 의미 있는 학습이 될 수 있도록 학습내용이 학습자의 실제 상황과 연관성을 가질 수 있도록 구성될 필요가 있다. 학습자들은 학습의 목표 및 내용이 자신의 필요나 가치, 사전 경험 등과 관련이 깊을수록 수업에 보다 적극적으로 참여하기 때문에 지속적인 학습을 위해서는 학습자의 관심과 밀접한 관련이 있어야 한다. 따라서 학습자의 기존 지식이나 경험을 파악해야 하며, 현실적이고 실제적인 사례나 자료를 제공하고 학습내용을 실제 상황에 적용해 볼 수 있는 기회를 제공하는 것도 동기 유발에 효과적이다.

특히 문제해결 중심 학습과 같이 수업을 동기 지향적으로 만들 수 있는 다양한 교수 방법이 모색될 필요가 있으며, 학습자 개개인의 학습 과정을 주기적으로 모니터링하여 개별적이면서 시기적절한 피드백을 제공하고 성취 기회를 제공함으로써 자신감을 갖도록 도와주고 수업 중에 질문을 사용하거나 문제를 해결하는 게임 등을 이용하여 주의력과 호기심을 유발시키는 전략 수립의 필요성을 시사한다.

둘째, e-Learning 교육시스템에서 학습자들의 다양한 개별 학습 환경이나 지원 환경들을 파악하여 학습에 대한 적극적인 참여와 학습 지속을 위한 구체적인 전략을 수립하여 제공할 필요가 있다.

e-Learning 교육시스템 학습자들은 대부분 학교나 가정에서 교육에 참여하기 때문에 시간적인 여유가 그리 많지 않을 뿐 아니라 학

습자 신분이기 때문에 학습 진행에 있어 여러 가지 어려움을 겪을 수 있어서 학습자가 처한 환경과 학습을 성공적으로 융화시키고 통합하는 것이 e-Learning 교육시스템의 학습성과에 결정적인 역할을 하게 된다. 학습자와 교수자는 공간상으로 떨어져 있기 때문에 학습자의 학교나 가정으로부터의 변화 등을 파악하기가 쉽지는 않지만 학습자와의 지속적인 커뮤니케이션과 학습 진도 상황 체크를 통해 학습자의 환경상의 변화를 파악할 수 있기 때문에 상호간의 커뮤니케이션 활성화 전략을 수립해야 하며 학습자의 학습 진도 상황을 체크할 수 있는 시스템이 마련될 필요가 있다.

이러한 심리적 지원 체제 외에도 e-Learning 교육시스템 강좌를 수강하기 위한 개별 물리적 환경을 갖고 있는 e-Learning 교육시스템 학습자들이 원활한 학습 환경을 구축할 수 있도록 도와주어야 한다.

이를 위해서는 가상수업 수강 장소의 인프라가 가상 수업에 지장이 없도록 구축되어 있는지, 웹에서 구현 가능한 다양한 멀티미디어 자료들을 전송받는 데 충분한 통신망이 설치되어 있는지, 그러한 시설을 원하는 때에 언제라도 사용 가능한지에 대해서 검토해보고, 수강환경이 제대로 구축되어 있지 않다고 판단되는 학습자에게는 학습이 효율적으로 이뤄질 수 있도록 개별적이면서도 체계적인 지원을 제공해 줄 필요가 있다.

마지막으로, e-Learning 교육시스템 학습자의 만족감 향상은 체계적인 교수 설계 과정을 통해서 가능하다. 특히, 상호작용 설계와 동기 설계가 e-Learning 교육시스템 학습자의 만족도에 강력한 영향을 미치는 것으로 밝혀진 본 연구 결과를 토대로 구성원들 간의 상호작용 활성화와 동기 지속을 위한 교수설계 측면에 초점을 두어야 함을 알 수 있다. 전자우편이나 전자게시판, 컴퓨터 컨퍼런싱 등을 활용한 비실시간 상호작용이나 원격 화상 시스템, 리얼오디오, 온라인 채팅 등을 활용한 실시간 상호작용 등을 통해 상호간에 다양한 의사교류를 할 수 있도록 하고, 토론방 활용을 통한 적극적인 토론을 유도하며 협력학습 전략을 설계하는 일은 구성원들 간의 상호작용을 촉진하여 다양한 관점과 새로운 아이디어의 공유를 통해 문제해결력을 높이는 데 기여하게 된다. 이러한 의미 있는 상호작용 기회를 제공함과 더불어, 실제적이고 관련성 있는 사례와 정보 제시, 개별적이고 시의 적절하며 자신감을 줄 수 있는 피드백 제공 등 동기 유지를 위한 전략도 지속적으로 제공해 줄 필요가 있다.

이상과 같은 결과를 통해 본 연구가 갖는 제한점은 다음과 같다.

첫째, 본 연구의 대상을 지방 소재 대학생으로 한정되어, 모든 학생에게 일반화시키는 데에는 한계가 있다.

둘째, 본 연구에서 적용한 ARCS 동기전략과 자기효능감 전략의 많은 기법 중 현실적으로 적용 가능한 기법만을 선택적으로 적용하였기 때문에 본 연구의 결과가 다른 연구에 일반화시키기에는 한계가 있다.

셋째, 동기자료가 학습참여도를 높인다고 해서 ARCS 모델의 모든 요소가 질 높은 학습자료를 개발하는 데 사용되기에는 현실적인 한계가 있다.

즉 학습내용과 학생의 특성에 부합되는 동기요소만이 학습자료에 포함되어야 교수－학습 활동에서 많은 시간과 노력의 낭비를 절약할 수 있기 때문이다.

넷째, 본 연구는 연구자가 직접 수업을 담당하였기 때문에 연구자의 개인적인 변인이 개입될 소지가 있다.

이러한 제한점에도 불구하고 본 연구가 갖는 의의는 다음과 같다.

첫째, e-Learning 교육시스템에서 학습만족도와 학업성취도를 얻기 위한 동기유발 요인이 무엇인지를 살펴봄으로써 학교 내 e-Learning 교육시스템의 자발적인 참여를 유도하고 학교 차원에서 e-Learning 교육시스템을 활성화하는 데 도움을 줄 수 있다.

둘째, 학교 내 e-Learning 교육시스템이 개인차원의 지식획득 이상의 의미가 있기 때문에 학교의 역량강화측면에서 학습만족도와 학업성취도를 높이기 위한 동기유발요인을 살펴봄으로써 관리자나 학교의 교육담당자가 e-Learning 교육시스템의 교육정책을 세울 때 학습자 측면을 이해할 수 있는 기반이 되는 연구가 될 것이다.

마지막으로, e-Learning 교육의 학습참여도가 e-Learning 교육의 학습만족도와 학업성취도에 긍정적인 영향을 미치는 것으로 나왔다. 그러나 동기라는 것은 인간의 인지적인 측면이기 때문에 동기가 높아지면 학습만족도와 학업성취도가 증가할 것이라고 기대할 수 있으나 학습만족도와 학업성취도에 영향을 미치는 하나의 요인에 불과하다. 지금까지 동기와 학업성취에 관한 연구에 있어서도 몇 부정적인 결과가 나왔다. Moller(1998)는 자신감 전략이 학업성취에 아무 영향도 못 미쳤다고 보고되었다. 이러한 결과들은 ARCS 모델의 효과에 대해 더 많은 연구를 촉구한다는 점을 시사하고 있다.

2. 제언

이상의 결론을 토대로 향후 연구를 위한 몇 가지 제언을 하면 다음과 같다.

첫째, 본 연구에서 개발한 ARCS 모델을 기반으로 한 교육 수업 모형이 모든 학습전략을 적용한 것은 아니다. 그러므로 e-Learning 수업상황에서 최적의 동기전략과 자기조절 학습전략을 개발하고 검증하는 후속연구가 계속 필요하다.

둘째, e-Learning 교육시스템이 성공하기 위해서는 다양한 수업 모형개발이 필요하다. 즉 학습자의 자발적 참여와 학습자의 수준 및 흥미 등을 고려한 다양한 수업 모형을 연구 개발할 필요성이 있다. 본 연구에서 보여준 동기유발적 요인이 가능하게 할 수 있음을 본 연구 과정에서 체험하였기 때문이다.

셋째, 본 연구는 연구방법상 양적 분석에 치중되었다. 그러므로 앞으로의 연구에 있어 질적인 연구가 이루어질 필요성이 있다.

참고문헌

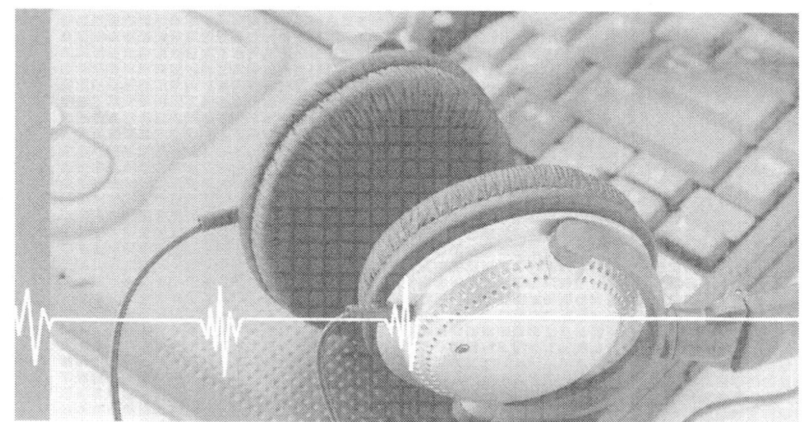

강명희(1994). 교육용 소프트웨어에 적용된 ARCS 동기유발 모델의 효과측정. **교육공학연구, 10**(1), 135 - 155.

______ · 장선(1998). 인터넷을 활용한 원격교육에서 자기 규제 학습 유형이 학습자 - 자료 상호작용에 미치는 영향. **교육과학연구, 27**, 165 - 178.

강인애(1998). **왜 구성주의 인가?**, 서울: 문음사.

권택민(2005). **이제는 디지털콘텐츠 비즈니스다.** 서울: 라이트북닷컴.

김경희(2002). ARCS 전략을 적응한 사회적 상호작용 수업이 학습동기유발및 반응속도 개념 형성에 미치는 효과. 한국교원대학교 교육대학원 박사학위논문.

김계수(2004). **AMOS 구조방정식 모형 분석.** 서울: SPSS 아카데미.

김미량(1998). 학습환경에서 상호작용성의 정도가 학습 결과의 제 측면에 미치는 영향. **교육학연구, 6**(4), 173 - 197.

______(2000). 웹 활용 수업 사례에 기초한 사이버 교수 - 학습 운영의 기본 전략 및 향후 과제. **교육공학연구, 16**(1), 47 - 67.

김소연(1999). 웹기반 가상교육에서 학습자의 접속 횟수와 참여도에 영향을 미치는 요인. 이화여자대학교 대학원 석사학위 논문.

김아영(1998). 동기이론의 교육현장 적용연구와 과제(자기효능감 이론을 중심으로). **교육심리연구, 12**(1), 105 - 128.

______ · 박인영(2001). 학업적 자기효능감 척도 개발및 타당화 연구. **교육학연구, 39**(1), 95 - 123.

김용수(1998). 자기조절학습 프로그램의 효과에 관한 실험연구. 한국교원대학교 대학원 박사학위논문.

김은옥(1998). 학습자의 가상수업 참여에 영향을 미치는 요인 연구. 서울대학교 대학원 석사학위 논문.

김의철(1999). **자기효능감과 인간행동**. 서울: 교육과학사.

김현수·최형림·김선희(1999). 가상교육의 핵심 성공 요인, **교육공학연구, 15**(1), 242-264.

나일주(1999). **웹기반 교육.** 서울: 교육과학사.

______·한안나(2002). 학습자, 교수자, 운영자의 e-learning 인식분석. **한국정보방송연구, 8**(2), 115-134.

두민영·김영수(2000). 웹 기반 학습에서 수업에 대한 관련성 향상 메시지가 학습자의 중도 탈락 및 학업 성취도에 미치는 영향. **교육정보미디어연구, 6**(2), 73-90.

박수경(1998). ARCS 전략을 적용한 구성주의적 수업이 과학개념 획득과 동기유발에 미치는 효과. 부산대학교 대학원 박사학위 논문.

박아청(2003). **교육심리학의 이해.** 서울: 교육과학사.

신동로(2003). **교육과정 교육평가 탐구.** 서울: 교육과학사.

______·신연희(2003). 중학생의 학업성적과 자기효능감이 학업부정행위에 미치는 영향. **교육심리연구, 17**(2).

______(2002a). **교육공학의 학문적 지평 확대와 깊이의 심화 가로지르기, 세로지르기, 그리고 십자지르기와 교육공학.** 서울: 원미사.

신민희(1998). 자기조절학습이론: 의미, 구성요소, 설계원리. **교육공학연구, 14**(1), 143-162.

양병화(2004). **다변량자료 분석의 이해와 활용.** 서울: 학지사.

오윤진(1999). 웹기반 협동 학습시 학습자의 자기 효능감과 보상 구조가 학습참여도와 학업성취도에 미치는 영향. 이화여자대학교 대학원 석사학위 논문.

온기찬(2003). **교육심리학.** 서울: 교육과학사.

왕경수(2003). 웹기반 협동학습에서의 상호 작용 증진 방안 탐색. **교육정보미디어연구, 9**(4), 269-294.

유수현(1999). 학습자의 성격특성에 따른 웹기반 수업 상호작용 연구.

서울대학교 대학원 석사학위 논문.

유영만(2001). e-Learning(e-러닝) 디지털 시대의 지식확산 전략. 서울: 물푸레.

______(2002b). e 세상 e 러닝: e 모양 e 꼴의 e 러닝. 서울: 학지사.

유인출(2001). 성공적인 e-Learning 비즈니스 전략. 서울: 이비컴.

유평준(2003a).원격대학원 온라인수업의 학습참여도, 학업성취도 및 학습만족도에 미치는 학습자관련 변인. 교육정보방송연구, 9(4), 229-267.

______(2003b). e-러닝 평가의 구성요소 및 평가준거에 관한 소고. 산업교육연구, 9 , 73-94.

유효현(2000). 자기효능감과 학습동기 및 학교적응간의 관계분석. 홍익대 학교 대학원 석사학위논문.

윤경희(1999). 기업에서 웹기반 가상학습 활용현황과 전망: 삼성 SDS 사내교육 사례. 한국교육공학회, 국제 학술대회 자료집, 161-191.

윤여순(2000). 기업에서의 성공적인 가상교육 구현을 위한 총체적 전략. 한국기업교육학회, 2(1), 93-117.

이만재(2003). 유비쿼터스 컴퓨팅의 이해. 한국통신학회지, 20(5), 31-42.

이선임(1999). 웹 기반 훈련에서 학업 성취에 영향을 미치는 요인 연구 : S사의 사내교육 과정 중심으로. 이화여자대학교 대학원 석사학위 논문.

이순묵(1990). 공변량구조분석. 서울: 성원사.

이영로 · 박용진 · 김종표 · 강이철 · 최원정 · 박인수 · 이기화 · 김우석 · 이승섭 · 나세준(2002). 차세대 인터넷 서비스를 위한 원격교육 세션관리 시스템에 관한 연구. 서울: 한국전산원.

이옥화 · 강신천 · 주종혁(2005). 신기술의 교육적 활용방안 연구. 서울: 한국교육학술정보원.

이웅규·이종기(2003). **자기효능감과 서비스 품질이 e-학습 시스템의 사용용이성과 유용성에 미치는 영향.** 서울: 정보시스템 연구.

이인숙(2003). 환경에서의 자기조절학습전략, 자기효능감과 학습전략 수준 및 학업성취도 관련성 규명. **교육공학,** **19**(3), 41-68.

이지연·이재경(2005). 이러닝의 개념화를 위한 일교찰. Interdisciplinary Journal of Adult and Continuing Education, **8**(3), 1-31.

인가진(2001). 조직 내 e-Learning 모니터링도구 개발에 관한 연구. 이화여자대학교 대학원 석사학위논문.

임정훈(1998). 인터넷을 활용한 가상수업에서의 교수-학습 활동 및 교육 효과 연구. **교육공학연구,** **14**(2), 103-136.

______(1999a). 가상 기업교육을 위한 웹기반 자율학습형 코스와 문제해결형 코스의 설계 개발 전략. 지식경영과 WBT. **한국기업교육학회 연차학술대회 자료집**.

______(1999b). 웹기반 문제해결학습 환경에서 소집단 협동학습 전략이 온라인 토론의 참여도와 문제해결에 미치는 효과. 서울대학교 대학원 박사학위 논문.

임철일(2002). 웹기반 자기조절학습 환경을 위한 설계 및 운영전략이 자기 조절 학습 수준 및 학업 성취도에 미치는 효과. **교육공학연구,** **18**(4), 3-23.

정미경(1999). 자기조절학습과 학업성취의 관계에 관한 구조모형 검증. 숙명여자대학교 대학원. 박사학위논문.

정보통신부(2005). 2005년도 정보화연차보고서

정인성·임정훈(2000). 첨단 매체를 활용한 원격교육의 투자효과 분석. **연구보고 99-3**. 한국방송통신대학교 방송통신교육연구소.

______·임정훈·최종근(1999). 웹기반 가상수업 평가연구. **연구보고 98-1**. 한국방송통신 대학교 방송통신교육연구소.

______ · 임철일 · 최성희 · 임정훈(2000). 평생교육을 위한 웹기반 학습에서 상호작용 유형에 따른 효과 분석. **교육공학연구, 16**(1), 223 – 246.

______ · 최성희(1999). 온라인 열린원격교육의 효과요인 분석, **교육학연구, 37**(1), 368 – 388.

정재삼 · 임규연(2000). 웹 기반 토론에서 학습자의 참여도, 성취도 및 만족도 관련 요인의 효과 분석. **교육공학연구, 16**(2), 107 – 135.

조미헌 · 김민경 · 김미량 · 이옥화 · 허희옥(2005). **E – Learning 콘텐츠 설계**. 서울: 교육과학사.

채서일(2003). **사회과학 조사방법론(3판)**. 서울: 학현사.

최성희 · 전영국 · 정혜선(2000). **통신망의 교육적 활용 이론과 실제**, 서울: 학지사.

하원규 · 김동환 · 최남희(2002). **유비쿼터스 IT혁명과 제3공간**. 서울: 전자신문사.

______ · 최남희(2001). 전자공간화 지수를 이용한 교육기능의 전자공간화 가능성과 물리공간과의 연계성 분석. **정보화정책, 8**(4), 49 – 67.

홍기칠(2004). 구성주의적 자기주도학습을 위한 학습력 분석과 학습모형 개발. **교육심리연구, 18**(1), 751 – 774.

홍세희(2006). **구조방정식 모형의 이론과 응용**: 2006년도 4차 교육심리 연구방법론 워크숍 교재. 서울: 한국교육심리학회.

Adams, J. S.(1965). Inequity in social exchange. In L. Berkowitz (Ed.), *Advances in experimental social psychology, 2,* 267 – 299. New York: Academic Press.

Anderson, S. E. & Harris, J. B.(1997). Factors associated with amount of Use and Benefits obtained by users of Statewide Educational Telecomputing Network. *Educational Technology Research & Development, 45*(1), 19 – 50.

Ajzen, Icek.(1985). From intentions to actions: A theory of planned behavior. In J. Kuhl & J. Beckmann (Eds.), *Action control: From cognition to behavior.* New York: Springer－Verlag, 11－39.

ASTD(2006). *e －Learning glossary.*
    Available at http://www.learningcircuits.org/glossary.html.

Bandura, A.(1977a). Self efficacy Theory: Toward a unifying theory of behavioral change. *Psychological Review, 84,* 191－215.

__________.(1997b). *Self－efficacy: The exercise of control.* New York: Freeman and Company.

__________.(1977c). *Social learning theory.* Englewood Cliffs, NJ: Prentice －Hall.

__________.(1986). Social foundations of thought and action : *A social cognitive theory.* Englewood Cliffs, NJ: Prentice －Hall.

__________., Adams, N. E., & Beyer, J.(1977). Cognitive processes mediating behavioral change. *Journal of Personality and Psychology, 35,* 125－139.

__________., & Cervone, D.(1986). Differential engagement of self－reactive influences in cognitive motivation. *Organizational Behavior and Human Decision Processes, 38,* 92－113.

__________. & Schunk D. H.(1981). Cultivating competence, self－efficacy, and intrinsic interest through proximal self－motivation. *Journal of Personality & Social Psychol, 41,* 586－598.

Belawati, T.(1998). Increasing student persistence in Indonesian post－secondary distance. education. *Distance Education. 19*(1), 81－108.

Berry, J.(2000). *Traditional training fades in favor of e-learning.* Retrieved on March 21, 2000 from WWW: http://www.kidsource.com/kidsource/cotent2/integrate.computers.html

Bottomley, J., & Calvert, J.(1994). Dimensions of value: Estimating the benefits of higher and distance education programs, In G: Dhanarajan, P. K. Ip, K. S. Yuen, & C. Swales (Eds.), *Economic of distance education,* 88-103. Open Learning Institute Press, Hong Kong, China.

Carlson, RD., & Grabowski, BL.(1992). The effects of computer self-efficacy. on direction-following behaviour in computer assisted instruction. *Journal of computer-based instruction, 19*(1), 6-11.

CETDE(1997). *Distance education policy document,* Center for Educational Technology and Distance Education.

Cervone, D.(1993). The role of self-referent cognitions in goal setting, motivation, and Performance. *Cognitive Science Foundations of Instruction,* M. Rabinowitz (Edt.), Lawrence, NJ: Erlbaum.

__________., & Peake, P. K.(1986). Anchoring, efficacy, and action: The influence of judgmental heuristics on self-efficacy judgments and behavior. *Journal of Personality and Social Psychology, 50,* 492-501.

Choi, S. H.(1996). *Factors related to the collaborative uses of computer-mediated communication in a graduate community: A Study of electronic mail.* Unpublished doctoral dissertation. Michigan State University.

Clark, R. C., & Mayer, R. E.(2003). *e-Learning and the science of instruction: Proven guidelines for consumers and designers of multimedia learning.* San Francisco: Jossey-Bass.

Clothier, P.(2003). Training Goes Hollywood: Movies and Interactive Narrative in Soft-Skills Training. *The eLearning Developers' Journal.* February(24).

Collis, B., & deBoer, W.(2001). A changing pedagogy in e-Learning: From acquisition to contribution. *Journal of Computing in Higher Education, 13*(2), 87-101.

Compeau. D. R., & Higgins, C. A.(1995a). Application of Social Cognitive Theory to Traing for Computer Skills. *Information Systems Research, 6*(2), 119-211.

_______________., & Higgins, C. A.(1995b). Computer Self-Efficacy: Development of a Measure and Initial Test. *MIS Quarterly. 22*(2), 189-211.

Condry, J.(1977). Enemies of exploration: Self-initiated versus other-initiated learning. *Journal of Personality and Social Psychology, 35*, 459-477.

Corno, L & Mandinach, E. B.(1983). The Role of Cognitive Engagement in Learning from Instruction. *Educational Psychologist, 18*, 88-108.

Dabbagh, N., & Bannan-Ritland, B.(2005). *Online Learning: Concepts, Strategies, and Application.* Upper Saddle River, NJ; Prentice Hall.

Deci, E. L., & Porac, J.(1978). Cognitive evaluation theory and the study of human motivation. In M. R. Lepper & D. Greene (Eds.), *The hidden costs of reward: New perspectives on the psychology of human motivation* (pp. 149-176). Hillsdale, NJ: Erlbaum.

Dowrick, P. W.(1983). Self-Modelling. In P.W. Dowick & S.J. Biggs (Eds.). *Using Video: Psychological and Social Applications.* Chichester: Wiley.

Ertmer, P. A., Evenbeck E., Cennamo K. S., & Lehman J. D.(1994). Enhancing Self-Efficacy for Computer Technologies through the use of positive classroom experience. *Educational Technology Research and Development, 42*(3), 45-62.

Fiedler, F. E. & Chemers, M. M.(1982). *Improving Leadership Effectiveness, The Leader Match Concept(2nd ed).* NY: Wiley.

Fisher, R.(1990). *Teaching children to think.* Oxford: Basic Blackwell.

Freeman, R.(1997). *Managing Open Systems.* London: Kogan Page.

Gay, G.(1997). *Using research to design effective distance education.* (http://www.oise.utoronto.ca/~ggay/distance.htm 2005. 10 접속)

Gist, M. E. & Mitchell, T. R.(1992). Self-Efficacy: A Theoretical Analysis of Its Determinants and Malleability. *Academy of Management Review, 17*(2), 183-211.

Glass, C. R. & Knight, L. A.(1988). Cognitive factors in computer anxiety. *Cognitive therapy and research, 12*(4), 351.

Gunawardena, C N, & Zittle, F. J.(1997). Social presence as a predictor of satisfaction within a computer-mediated conferencing environment, *American Journal of Distance Education, 11*(3), 8-26.

Hall, B.(2000). *Making sense of e-learning resources, content, tools and services.*
(http://www.elearningmag.com/issues/july00/coverstory.htm. July 2000. 접속)

Hammond, D.(2001) Reality Bytes, *People Management,* 25, 26-31.

Harasim, L. M., Hiltz, S., Teles, L., & Turoff, M.(1995). *Learning networks: A field guide to teaching and learning online.* Cambridge: MIT press.

Hatch, M. L. & Hayward, M. S.(1996). Computers and the college classroom: Two studies of computer training and use patterns. *Proceedings of ED-TELECOM 96*. Boston. Association for the Advancement of computing in education.

Houle, C. O.(1961). *The inquiring mind*. Madison, WI: University of Wisconsin Press. Published as a second edition in 1988 (with an afterward by Houle) by the Oklahoma Research Center for Continuing Professional and Higher Education, University of Oklahoma, Norman, OK.

Jorde-Bloom, P.(1988). Self-efficacy expectations as a predictor of computer use: A look at early childhood administrators. *Computers in the Schools, 5*(1), 45-63.

Kanfer, R.(1991). Motivation theory and industrial and organizational psychology. In M. D. Dunnette & L. M. Hough(Eds.), *Handbook of industrial and organizational psychology, 1,* 76-170. Palo Alto, CA: Consulting Psychologists Press.

Kanuka, H & Anderson, T.(1998). Online social interchange, discard, and knowledge construction, *Journal of Distance Education, 13*(1), 57-74.

Kavanagh, D. J., & Bower, G, H.(1985). Mood and self-efficacy: Impact of joy and sadness on perceived capabilities. *Cognitive Therapy and Research, 9,* 507-525.

Keller, J. M.(1983). Motivational design of instruction. In CM Reigeluth(Ed.), *Instructional design theories and models: An overview of their current status*. Hillsdale, NJ: Erlbaum.

__________.(1984a). The use of the ARCS model of motivation in teacher training. In K. Shaw & A. J. Trott (Eds.), *Aspects of Educational Technology Volume XVI : staff Development and Carrer*

Updating. London: Kogan Page.

__________.(1984b). Development and use of the ARCS model of motivational design. *Journal of Instructional Development, 10*(3), 2 – 10.

__________.(1987). Development and use of the ARCS model of instruction design. *Journal of Instructional Development. 10*(3), 2 – 10.

__________.(1993). *Motivation by design*. Tallahassee, FL : John Keller Associates.

__________.(1999). Using ARCS motivational process in computer – based instruction and distance education. *New Directions for Learning and Teaching, 78*, 37 – 47.

__________. & 송상호.(1999). **매력적인 수업설계**: 주의집중, 관련성, 자신감 그리고 만족감. 서울: 교육과학사.

__________., & Suzuki, K.(1988). Application of the ARCS model to courseware design. In D. H. Johnassen (Ed.), *Instructioned Designs for Microcomputer Courseware*. New York: Lawrence Erlbaum, Publisher, 401 – 434.

Khan, B, H.(2005). *Managing e – Learning: Design, Delivery, Implementation and Evaluation*. Hershey, PA: Information Science.

Kruse, K. & Keil, J.(2000). Technology based training: The art & science of design, *Development & Delivery*. San Francisco, CA: Jossey – Bass.

Land, S. M., & Hannafin, M. J.(2000). Student – centered learning environments. In D. H. Jonassen & S. M. Land(Eds.), *Theoretical foundations of learning environments* (pp. 1 – 23). Mahwah, NJ: Lawrence Erlbaum Associates.

Lazarus, R. S., & Folkman, S.(1984). *Stress, appraisal, and coping.* New York: Springer.

Lent, R. W., Brown, S. D., & Larkin, K. C.(1986). Self-Efficacy in the prediction of academic performance and perceived career options. *Journal of Counselling Psychology, 33,* 265-269.

Locke, E. A., and Latham, G. P.(1990). *A Theory of Goal Setting and Task Performance.* Englewood Cliffs, NJ: Prentice-Hall.

Marakas, G. M., Yi, M. Y., & Johnson, R. D.(1998). The Multilevel and Multifaceted Character of Computer Self-Efficacy: Toward Clarification of the Construct and an Integrative Framework for Research, *Information Systems Research, 9*(2), 126-165.

Martin, B. L.(1994). Using distance educational to teach instructional design to preservice teachers, *Educational Technology, 34*(3), 49-55.

__________., & Briggs L. J.(1986). *The affective and cognitive domains: Integration for Instruction and Research.* Cliffs, NJ: Englewood

Mitchell, S.(1996). The role of electronic communication in supporting beginning teacher. *Proceedings of ED-TELECOM, 96.* Boston, Association for the advancement of computing in education.

Miura, I. T.(1987). The relationship of computer self-efficacy expectations to computer interest and course enrollment in college. *Sex Roles, 16,* 303-311.

Moller, L.(1998). "Designing communities of learners for asynchronous distance education," *Educational Technology Research and Development, 46*(4), 115-122.

Mone, M. A.(1994). Relationships between self-concepts, aspirations, emotional responses, and intent to leave a downsizing organization, *Human Resource Manangement, 33*(2), 261–279.

Moore, M. G. & Kearsley, G.(1996). *Distance Education*: A system view. Belmont, CA: Wadsworth Wadsworth Publishing Company.

Noe, R. A., & Schmitt, N.(1986). The influence of trainee attitudes on training effectiveness, *Personnel Psychology, 39*, 497–521

O'Dell, C. & Grayson, CJ.(1998). If Only We Knew What We Know: Identification and Transfer of Internal Best Practices. *California Management Review, 40*(3), 154–174.

Petraglia, J.(1998). *Reality by design: Rhetoric, technology, and the creation of authentic learning environments*. New Jersey: Lawrence Erlbaum Associates.

Peters, O.(1993). *Understanding distance education*. Harry, K., John, M., & Keegan, D.(Eds.), Distance Education: New perspectives. London: Routledge.

Powell, J. T.(1980). *Purification and properties of lung lectin*. Rat lung and human lung beta–galactoside–binding proteins. Biochem J., 187(1), 123–129.

Romiszowski, A. J. & Mason, R.(1996). Computer–mediated communication. In Jonassen(ed), *Handbook of research for educational communication and technology*. New York: Macmillan.

Rosenberg, M. J.(2001). *e–Learning: strategies for delivering knowledge in the digital age*. New York, NY: McGraw–Hill.

Schemitz, J. & Fulk, J.(1991). Organizational Colleagues, Media Richness, and Electronic Mail. *Communication Research, 18*(4), 487–523.

Sharp, V.(2002). *Computer education for teachers*. New York, N.Y.:

McGraw-Hill.

Schunk, D. H.(1989). self-efficacy and cognitive skill learning. In C. Ames & R. Ames (Eds.), *Research on motivation in education, 3*: Goals and cognitions (pp.13-44). San Diego: Academic Press.

___________., & Gunn, T. P.(1985). Modeled importance of task strategies and achievement beliefs: Effects on self-efficacy and skill development. *Journal of Early Adolescence, 5*, 247-258.

___________.(1995). Self-efficacy, motivation, and performance. *Journal of Applied Sport Psychology, 7*, 112-137.

Sherry, L.(1996). Issues in Distance Learning. *International Journal of Educational Telecommunications, 1*(4), 337-365. (http://carbon.cudenver.edu/~lsherry/pubs/issues.html 2006. 06 접속)

Song, S. H.(1998). *The effects of motivationally-adaptive CAI developed through the ARCS Model.* Unpublished doctoral dissertation. Florida State University, Tallahassee.

Suls, J. & Mullen, B.(1982). From the cradle to the grave: Comparison and self-evaluation across the life span. In J. Suls (Ed.), *Psychological perspectives on the self,* 97-128. Hillsdale NJ: Erlbaum.

Thatcher, J. B., & Perrewe, P. L.(2002). An empirical examination of individual traits as antecedents to computer anxiety and computer self-efficacy. *MIS Quarterly, 26*(4). 381-386.

Tough, A.(1979). *The adult's learning projects: A fresh approach to theory and practice in adult learning.* Toronto: Ontario Institute for Studies in Education.

_________. & Donaghy, R. C.(2006). *Studying self-directed learning:*

The personal story of Allen Tough. Paper presented at the 20th International Self-Directed Learning Symposium, Cocoa Beach, FL.

Urban, T. A., & Weggen, C. C.(2000). *Corporate e-Learning : Exploring a new frontier*, WR Hambrecht+ Co. White paper,

Visser, L.(1998). *The Development of Motivational Communication in Distance Education Support*. The University of Twente, The Netherlands, Unpublished.

Venkatesh. V., & Davis, F. D.(1996). A Model of the Antecedents of Perceived. Ease of Use: Development and Test. *Decision Sciences, 27*(3), 451-481.

Walter, S., B.(1999). *e-Learning*: A Catalyst for Competition in Higher Education, Information IMPACTS, June.

Wang, Y. S.(2003). Assessment of learner satisfaction with asynchronous electronic learning systems. *Information and Management, 41*(1), 75.

Weiner, B.(1980). Human Motivation. New York: Holt, Rinehart & Winston.

Wlodkowski, R. J.(1985). *Enhancing adult motivation to learn*. San Francisco: Jossey-Bass.

Wood, R. E., & Bandura, A.(1989). Social cognitive theory of organizational management. *Academy of Management Review, 14*(3), 361-384.

Yang, Y. C.(1993). The effect of self-regulatory skills and type of instructional control on learning from computer-based instruction. *International Journal of Instructional Media, 20*(3), 225-241.

Young, J. D.(1996). The effect of self-regulated learning strategies on performance in learner controlled computer-based instruction.

Educational Technology Research and Development, 44(2), 17－27.
Zimmerman, B. J.(1989). Self－regulated learning and academic achieve-
ment: An overview, *Educational Psychologist, 25*(1), 3－17.

부 록

여러분, 안녕하세요?

이 검사는 e-learning 교육시스템의 영향에 관하여 알아보기 위해 마련된 것입니다.

이 검사지에 여러분이 답한 내용은 누구에게도 알려지지 않고 오직 연구를 위해서만 사용될 것입니다. 따라서 너무 어렵게 생각하지 말고 각 문항을 읽어 나가면서 떠오르는 생각이나 느낌을 솔직하게 답하면 됩니다.

하나의 문제에 대해서는 반드시 한 번만 표시하며, 처음부터 끝까지 열심히 해주시기를 부탁드립니다. 성실히 대답해 주기를 다시 한번 부탁드립니다.

전북대학교 대학원
교육과정 및 교육공학전공   백현기

<부록 1> 주의력 요인 측정 질문지

Ⅰ. 다음은 교육을 수강하는 데 주의력요인에 관한 문항입니다. 해당하는 곳에 ∨표를 해 주십시오.

번호	질문내용	전혀 그렇지 않다	별로 그렇지 않다	보통 이다	약간 그렇다	매우 그렇다
1	나는 월평균 교사와 운영자 및 동료들과의 email교환 정도가 많다.					
2	e-Learning 학습 과정에서 사용자 매뉴얼이나 도움말 등이 잘 설명되어 있다.					
3	내가 듣는 e-Learning 교육시스템의 교사가 토론에 관심을 가지고 참여한다고 생각한다.					
4	내가 듣는 e-Learning 교육시스템의 교사는 학습자의 의견 및 질문에 대해 응답정도가 높다.					
5	e-Learning 교육시스템에 일정 기간 동안 무반응인 학습자에게 반응을 유도하기 위한 자극제공정도(교사가 메일을 보냄, 교사가 게시판에 무반응 학습자에게 질문을 함)가 있다.					
6	e-Learning 학습에 있어 텍스트, 이미지, 애니메이션 등으로 다양하게 표현할 수 있도록 구성되어 있다.					
7	e-Learning 학습내용에서 제시하는 문자의 크기와 모양은 적당하다.					
8	e-Learning 학습내용을 수강하는 데 화면구성은 시각적으로 보기 좋고 편하다.					
9	e-Learning 강좌의 내용이 체계적으로 잘되어 있다.					
10	e-Learning 교육시스템이 월평균 컨텐츠 업데이트를 지속적으로 해준다.					
11	e-Learning 학습 시 다음 화면으로 넘어가는 속도는 충분히 빠르다.					
12	e-Learning 학습 중 교육시스템의 문제가 발생하였을 경우 빠른 시간 안에 정상화 된다.					

〈부록 2〉 관련성 요인 측정 질문지

Ⅱ. 다음은 본 e-Learning 과목을 수강하는 데 있어 관련성 요인에 대해 알아보기 위한 것입니다. 여러분의 상황이나 생각과 일치하는 곳에 ∨표 해 주십시오.

번호	질문내용	전혀 그렇지 않다	별로 그렇지 않다	보통 이다	약간 그렇다	매우 그렇다
1	e-Learning 운영 및 관리 활동이 체계적으로 이루어지고 있다.					
2	e-Learning 과목은 개인 학습진도에 관한 정보(총 학습시간, 최종접속일, 미접속일수 등)를 제공한다.					
3	개인의 e-Learning 사용횟수가 체크되어진다.					
4	학습공동체 구성원 간 오프라인 면대면 만남은 자주 이루어지고 있다.					
5	학습공동체 구성원 간 e-mail 교환 및 전화 연락을 자주한다.					
6	학습공동체 구성원과 친밀한 관계를 유지하고 있다.					
7	학습공동체 구성원 간 커뮤니티 게시판은 활성화되어 있다.					
8	학습공동체 구성원 간 세미나 및 포럼이 개최되고 있다.					
9	e-Learning 학습내용은 학습에 도움이 되는 구체적인 내용이 제공되고 있다.					
10	e-Learning 수강과목에서 다루어진 세부 주제들은 내가 원하는 학습과 관련이 있다.					
11	내가 수강하고 있는 e-Learning 과목은 현업 적용 포인트가 있는 사례 중심의 과정으로 개발되어있다.					
12	내가 수강하고 있는 e-Learning 과목의 과정을 개발하는 내용전문가는 현장 경험이 있다.					
13	내가 수강하고 있는 e-Learning 과목의 교사는 현장 경험이 있다.					
14	e-Learning 학습내용은 학습 활동과 관련되어 최신의 정보를 제공하고 있다.					

〈부록 3〉 자신감 요인 측정 질문지

Ⅲ. 다음은 본 e-Learning 과목을 수강하는 데 있어 관련성 요인에 대해 알아보기 위한 것입니다. 여러분의 상황이나 생각과 일치하는 곳에 ∨표 해 주십시오.

번호	질문내용	전혀 그렇지 않다	별로 그렇지 않다	보통 이다	약간 그렇다	매우 그렇다
1	나는 학습에 최선을 다해서 좋은 학습만족을 올리고 싶다는 생각을 가지고 있으며 e-Learning 학습이 이를 위한 좋은 기회라고 생각한다.					
2	나는 e-Learning 학습을 통해 기술과 지식을 더 배워서 남들보다 학습과제에서 뛰어난 학생이 되고 싶다.					
3	나는 e-Learning 학습 기간 동안 할 수 있는 한 최대한 배우려고 열심히 노력하고 있다.					
4	나는 e-Learning 학습을 다시 수강하고 싶은 의향이 있다.					
5	나는 e-Learning 학습을 주위의 친구에게 권할 의향이 있다.					
6	e-Learning 학습은 기대했던 것과 일치했다.					
7	e-Learning 학습은 내가 학습하고 있는 과제와 관련한 문제에 신속하게 대처하는 데 유용하다고 생각한다.					
8	e-Learning 학습을 통해 나의 학습 능력이 향상되었다.					
9	e-Learning 학습을 통해 학습한 내용은 나의 학습과제 처리 시간을 단축시켜 주었다.					
10	e-Learning 교육시스템을 통해 학습한 내용은 실제 과제를 해결하는 데 구체적으로 많은 도움을 주었다.					
11	e-Learning 교육시스템을 통해 학습한 내용은 나의실제 과제를 해결하는 데 있어 탐구력 및 사고의 폭을 향상시켜 주었다.					

번호	질문내용	전 혀 그렇지 않 다	별 로 그렇지 않 다	보 통 이 다	약 간 그렇다	매 우 그렇다
12	e-Learning 교육시스템 과목은 학습자의 능력에 따른 화면설계가 고려되어 있다.					
13	e-Learning 교육시스템상에는 다양한 분야의 강좌들이 잘 구비되어 있다.					
14	e-Learnig 교육시스템 상에는 내 수준에 맞는 강좌를 택할 수 있도록 한 주제에 대해서도 여러 수준의 강의가 잘 구비되어 있다.(예:초급, 중급……)					

〈부록 4〉 만족감 요인 측정 질문지

Ⅳ. 다음은 본 e-Learning 과목을 수강하는 데 있어 만족감 요인에 대해 알아보기 위한 것입니다. 여러분의 상황이나 생각과 일치하는 곳에 ∨표 해 주십시오.

번호	질문내용	전 혀 그렇지 않 다	별 로 그렇지 않 다	보 통 이 다	약 간 그렇다	매 우 그렇다
1	e-Learning 학습 중에 정기적으로 학습평가가 이루어진다.					
2	e-Learning 학습 중에 즉각적인 학습평가 결과물이 제공되고 있다.					
3	e-Learning 과목은 연습문제나 시험 후에 피드백이 제공된다.					
4	개인의 e-Learning 학습만족이 좋으면 칭찬 피드백을 받을 수 있도록 잘 설계되어 있다.					
5	개인의 e-Learning 학습만족이 좋으면 부상을 받을 수 있도록 제공되어 있다.					
6	개인의 e-Learning 학습성취도가 좋으면 격려의 정도가 높다.					

번호	질문내용	전혀 그렇지 않다	별로 그렇지 않다	보통 이다	약간 그렇다	매우 그렇다
7	e-Learning 과목은 개인 학습관리에 대한 수강정보가 제공되어 있다.					
8	e-Learning 과목은 개인 학습관리에 대한 성적관리정보가 제공되어 있다.					
9	e-Learning수업의 목표와 내용이 일관성 있게 제시되어 있다.					
10	e-Learning 수업도중 연습한 내용과 시험의 내용이 일치되어 있다.					
11	e-Learning 수업목표가 내가 기대했던 것과 일치되어 있다.					

〈부록 5〉 컴퓨터 자기효능감 측정 질문지

Ⅴ. 다음은 여러분이 e-Learning기반 교육시스템을 이용하면서 느낀 학습내용 요인에 관한 질문입니다. 각 문항을 읽으신 후, 나와 생각과 경험에 적합하다고 생각하신 곳에 ∨표 해 주십시오.

번호	질문내용	전혀 그렇지 않다	별로 그렇지 않다	보통 이다	약간 그렇다	매우 그렇다
1	나는 하드웨어와 관련된 용어를 이해할 수 있다.					
2	나는 컴퓨터의 소프트웨어와 관련된 용어를 이해할 수 있다.					
3	나는 컴퓨터의 하드웨어 기능을 설명할 수 있다.					
4	나는 컴퓨터 사용에 자신감이 있다.					

〈부록 6〉 자기조절효능감 측정 질문지

Ⅵ. 각 문항을 읽으신 후, 여러분의 생각과 일치하는 곳에 Ⅴ표
해 주십시오.

번호	질문내용	전혀 그렇지 않다	별로 그렇지 않다	보통 이다	약간 그렇다	매우 그렇다
1	나는 어떻게 공부하는 것이 효과적인 방법인지를 잘 안다.					
2	나는 수업시간에 배운 내용 중 내가 무엇을 알고 무엇을 모르는지 판단할 수 있다.					
3	나는 정해진 시간 안에 주어진 과제를 잘 마칠 수 있다.					
4	나는 시간이 많이 들더라도 깊이 생각하게 만드는 과목이 더 재미있다.					
5	나는 쉬운 과목보다는 어려운 과목을 좋아한다.					
6	나는 공부에 자신 있다.					

<부록 7> 학습만족도 측정 질문지

Ⅶ. 다음은 e-Learning 과목을 수강하는 데 있어 학습만족도를 알아보기 위한 것입니다. 여러분의 생각과 일치하는 곳에 ∨표 해 주십시오.

번호	질문내용	전 혀 그렇지 않 다	별 로 그렇지 않 다	보 통 이 다	약 간 그렇다	매 우 그렇다
1	본 e-Learning 교육시스템을 친구나 동료, 선후배 등 다른 사람들에게 수강하도록 권장하고 싶다.					
2	종합적으로 판단할 때, 이 교과목 수강에 대하여 전반적으로 만족한다.					
3	나는 e-Learning 교육시스템을 통해서 새로운 사실(knowwhat)을 많이 학습하였다.					
4	나는 e-Learning 교육시스템을 통해서 내가 수행하는 학습과 관련한 원리나 근거를 알 수 있다.					
5	이번 e-Learning 교육시스템 수강을 통해 수강한 과목에 대한 기본 지식을 충분히 습득하게 되었다.					
6	이번 e-Learning 교육시스템을 통해 배운 것들은 실제로 나에게 도움이 되는 내용이었다.					
7	이번 e-Learning 교육시스템 수강은 실생활 적용 측면에서뿐만 아니라 정신적인 성장, 성숙 측면에서도 유익하였다.					
8	이번 e-Learning 교육시스템을 통해 교과목의 내용을 전반적으로 잘 이해할 수 있었다.					
9	이번 e-Learning 교육시스템을 통해 교과목을 수강하면서 이 교과목에 대해 흥미를 가질 수 있었다.					
10	내게는 e-Learning 교육시스템 수업이 출석수업(면대면 수업)보다 더 적합하다고 생각한다.					

번호	질문내용	전혀 그렇지 않다	별로 그렇지 않다	보통 이다	약간 그렇다	매우 그렇다
11	e-Learning 교육시스템 수업은 출석 수업 보다 여러모로 보아 유용하고 경제적이라 생각한다.					
12	나는 e-Learning 교육시스템 강좌에 대해 긍정적인 태도를 가지게 되었다.					
13	e-Learning 교육시스템 수업을 통한 학업 성취도는 출석 강의 때보다 높아졌다고 생각한다.					
14	e-Learning 교육시스템 수업은 출석 수업 보다 교수, 운영자, 학생과의 더 친밀하고 솔직한 접근이 가능했다.					
15	컴퓨터 네트워크를 통해 다른 사람들과 상호 작용하는 것에 대해 자신감을 갖게 되었다.					
16	본 과정을 학습한 결과 컴퓨터 및 인터넷활용 능력이 많이 향상되었다.					
17	본 과정을 학습한 결과 온라인상에서의 정보 수집 능력이 많이 향상되었다.					
18	본 과정을 학습한 결과 혼자 공부하는 요령 및 기술이 많이 향상되었다.					
19	본 과정을 학습한 결과 정보 분석 능력이 많이 향상되었다.					
20	본 과정을 학습한 결과 예전보다 컴퓨터, 인터넷 등 첨단 매체의 활용에 대해 긍정적인 태도를 가지게 되었다.					

〈부록 8〉 학업성취도 검사지(중간고사)

1. 면대면 교육과 비교해 볼 때, 원격교육의 특성을 올바로 묶은
   것은?

<보기>

ㄱ. 학습자의 구성이 대체로 이질적이다.
ㄴ. 교수자와 학습자의 직접적인 상호작용이 주를 이룬다.
ㄷ. 노동집약적인 교육형태이다.
ㄹ. 교수-학습을 위해 첨단정보통신기술을 주로 활용한다.

① ㄱ, ㄴ　　② ㄱ, ㄷ　　③ ㄱ, ㄹ　　④ ㄷ, ㄹ

2. 원격교육과 평생학습의 관계를 올바로 진술한 것은?
   ① 원격교육에서의 학습은 삶과 일의 통합과는 거리가 멀다.
   ② 원격교육은 대안적인 학습에 대한 요구를 거절하는 가운데
      발전해 왔다.
   ③ 원격교육에서는 경험과 인식이 분리된 상태에서 교육이 일어난다.
   ④ 많은 원격대학들은 평생학습의 이념을 추구하는 가운데 발
      전해 왔다.

3. 무어(Moore)가 제시하고 있는 원격교육의 구성개념 가운데 '대
   화'의 실천 사례로 적절하지 않은 것은?
   ① 출석수업　　　　　② 코스상담
   ③ 학습패키지　　　　④ 학습동아리

4. 원격교육은 학습자의 독립적, 자율적 학습으로 보면서 이것을 위하여 교수자와 지원 조직이 교재와 상호작용의 기회, 그리고 자유를 보장하는 제도를 수립해야 한다고 한 사람은?
① 웨더마이어(Wedemeyer)　② 무어(Moore)
③ 홈버그(Holmberg)　④ 델링(Delling)

5. 원격교육을 교수-학습의 산업화된 형태로 보고 원격교육에 대한 산업화 이론을 전개한 사람은?
① 피터즈(Peters)　② 무어(Moore)
③ 홈버그(Holmberg)　④ 델링(Delling)

6. 이러닝의 'e'가 의미하는 하는 것이 아니 것은?
① 전자적인(electrinic)
② 학습의 경험(experience)
③ 선택권의 확장(extension)
④ 학습기회의 행정(executive)

7. 다음 글의 (　) 안에 들어갈 알맞은 단어는?

─────────── <보기> ───────────
무어(Moore)는 교수자와 학습자의 (　　)에 따라 원격교육의 형태를 분류하였다. 그는 이것을 학생들의 개인적 요구와 필요에 대해 원격교육 프로그램이 어떻게 반응하고 있느냐로 측정하였다.

① 수업　② 자율성　③ 거리　④ 대화

8. 다음와 같은 이론을 주장한 학자는?

<보기>

ㄱ. 안내된 조언적 대화
ㄴ. 상호작용 이론
ㄷ. 학습자를 감성적인 수준에서 참여하게 한다.

① 피터즈(Peters)　　　　② 무어(Moore)
③ 홈버그(Holmberg)　　④ 델링(Delling)

9. 텔레비전 방송에 의한 원격교육과 비교해 볼 때, 인터넷 기반의 원격교육의 특성을 올바로 묶은 것은?

<보기>

ㄱ. 상호작용적 수업
ㄴ. 설명식 수업
ㄷ. 학습자 간 의사소통
ㄹ. 부가적 제도, 장치 필요

① ㄱ, ㄴ　　　　② ㄱ, ㄷ
③ ㄱ, ㄹ　　　　④ ㄷ, ㄹ

10. N세대 문화의 특징에 해당하지 않는 것은?
　　① 극단적 독립심　　② 감성적
　　③ 배타적　　　　　④ 탐구심

11. 다음 글의 (   ) 안에 들어갈 알맞은 단어는?

___________란 원격교육에 있어서 학습자과 교수자와의 공간적 거리가 아닌 의사소통상의 거리 또는 정신적 거리로 교사와 학생이 상호작용, 즉 대화(dialogue)할 수 있는 정도에 따라 이 거리가 결정되며, 이것은 사전에 계획된 교육 프로그램(구조 ; Structure)에 의해 결정되는 정도에 영향을 받는다.

① 수업　　② 교류거리　　③ 거리　　④ 대화

12. 인터넷의 시초가 된 ARPANET을 구축하게 된 목적은?

① 상업적 목적　　　　② 교육용 목적

③ 군사용 목적　　　　④ 자료 저장용

13. 다음 중 '원격교육'에 대해 틀리게 설명이 된 것은?

① 학습자 중심의 단방향 의사소통을 지향하는 교수·학습체제

② 언제 어디서나 누구에게든지 교육의 기회를 제공

③ 학습자는 자신의 필요와 수준에 맞는 교육내용을 선택할 수 있다.

④ 다양한 교육내용, 실용적인 교육내용의 제공

14. 다음 설명은 원격교육에서 인터넷을 활용하는 방법 가운데 어
    떤 전략과 관련이 깊은가?

<보기>

- 여러 전문가들이나 동료학습자와의 상호작용을 통해 학습할 수 있도
  록 지원한다.
- 학습자들은 여러 전문가들이 올려놓은 논문 내용을 읽고 토론한다.
- 인터넷의 관련 사이트를 연결하여 풍부한 수업자료를 활용할 수 있다.

---

  ① 인터넷 정보의 이용　　② 전자우편의 이용
  ③ 전자게시판의 이용　　④ 전자토론의 이용

15. 최근 원격교육 운영 원리의 변화를 올바르게 나타낸 것은?
  ① 공급자 중심 운영체제를 구축하고 있다.
  ② 학습자에 따른 개별화된 서비스를 강조하고 있다.
  ③ 교육이 학생 중심에서 교수자 중심으로 넘어가고 있다.
  ④ 대중 원격교육을 위한 산업화 원리를 고수하고 있다.

16. 학습 효과를 극대화하기 위해 칵테일처럼 온라인과 오프라인
    교육 그리고 다양한 학습 방법을 혼합한 교육은 무엇인가?
  ① 원격교육 ② 이러닝　③ 블랜디드 러닝 ④ 사이버 교육

17. 원격교육의 발달단계상 가장 먼저 나타난 형태는?
  ① 방송을 이용한 대중 원격교육
  ② 우편통신을 이용한 통신교육
  ③ 인터넷을 통한 사이버 교육
  ④ 교실에서 하는 출석수업

18. 다음은 인터넷 커뮤니케이션의 특징에 대한 설명이다. 다음 내용을 채우시오.

<보기>
인터넷은____________라는 데이터 커뮤니케이션 프로토콜 체계에 의해 이루어진다.____________는 인터넷에서 정보를 교환하는 데 필요한 규칙을 규정해 준다.

① NETBIOS   ② WINSOCK   ③ NBT   ④ TCP/IP

19. 원격교육에서 인터넷의 장점과 거리가 먼 것은?
    ① 즉각적으로 이용할 수 있다.
    ② 개발하는 데 다른 매체에 비하여 상대적으로 비용이 적게 든다.
    ③ 다양한 표현방법을 활용하여 고도의 학습내용을 표현하기가 좋다.
    ④ 상호작용적 교육을 할 수 있다.

20. 인터넷을 통한 의사소통의 특징에 해당하지 않는 것은?
    ① 인터넷의 소통은 아날로그가 아닌 디지털 소통이다.
    ② 인터넷의 소통은 네트워크적 소통이다.
    ③ 인터넷의 소통은 위계적이고 중앙집중적 구조이다.
    ④ 인터넷의 소통은 비대면적인 소통이다.

21. 통신에 있어서 사람의 언어에 해당되는 것으로 통신에 필요한 약속을 일컫는 말은?
    ① Format   ② IP   ③ Protocol   ④ Packet

〈부록 9〉 학업성취도 검사지(기말고사)

1. 다음과 같은 특징을 지니고 있는 웹기반 교육의 유형은?

<보기>

- 다양한 형태의 학습정보를 제시할 수 있다.
- 학습자의 독자적 결정이 중시되는 상호작용성이 있다.
- 프로그램 학습관리방식이 아닌 학습자에 의한 통제방식이다.
- 학습자가 자신의 학습전략, 선수경험, 학습목적에 따라 학습을 결정해 주도록 하는 컴퓨터 학습환경이다.

　① 인터넷　　　　　　　② 상호작용비디오 시스템
　③ 가상교육　　　　　　④ 하이퍼미디어

2. 불룸의 인지적 교육목표의 분류 순서를 바르게 배열한 것은?
　① 지식 - 적용 - 이해 - 분석 - 종합 - 평가
　② 지식 - 이해 - 분석 - 적용 - 종합 - 평가
　③ 지식 - 이해 - 적용 - 분석 - 종합 - 평가
　④ 지식 - 이해 - 적용 - 종합 - 분석 - 평가

3. 다음은 딕(Dick)과 캐리(Carey)의 체제적 교수설계 모델의 일부이다. 비어 있는 곳에 들어갈 요소는?

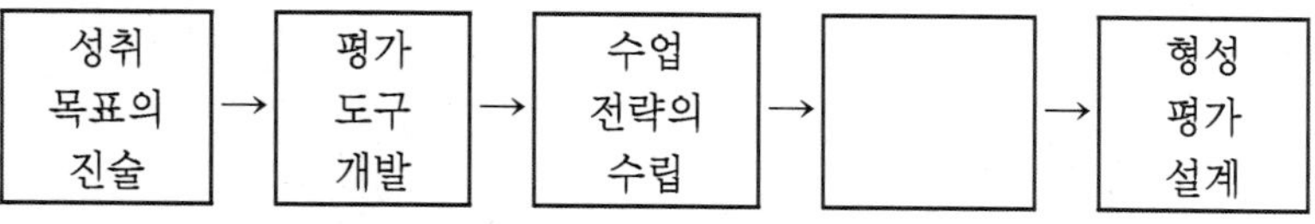

　① CRT의 개발　　　　　② 수업자료 개발
　③ 교수목적의 파악　　　④ 준비행동 및 특성파악

4. 다음 글의 ( ) 안에 들어갈 알맞은 단어는?

> <보기>
>
> (   )는 실제 웹상의 화면이 나타나는 상호작용적 형태를 텍스트 형태로 구현하는 것으로서 원래 비디오 자료 제작 과정에서 반드시 포함되는 활동에 속한다.

① 피드백   ② 스토리보드   ③ 정보설계   ④ 상호작용설계

5. 정인성의 네트워크 기반의 교수체제개발 모형 중에 설계 단계에 해당하지 않는 것은?

① 내용설계   ② 상호작용설계   ③ 동기설계   ④ 학습자설계

6. 다음 보기의 내용은 가네의 수업의 사태 중 어디에 해당하는가?

> <보기>
>
> ㄱ. 장기 기억 항목들을 활동 기억 상태로 회복
> ㄴ. 강사의 인사 화면 제시
> ㄷ. 왜 이 강의를 학습하여야 하는지를 제시한다.

① 주의 획득하기   ② 학습목표 제시
③ 선수지식의 회상   ④ 자극의 제시

7. 최근 원격교육 운영 원리의 변화를 올바르게 나타낸 것은?

① 공급자 중심 운영체제를 구축하고 있다.

② 학습자에 따른 개별화된 서비스를 강조하고 있다.

③ 교육이 학생 중심에서 교수자 중심으로 넘어가고 있다.

④ 대중 원격교육을 위한 산업화 원리를 고수하고 있다.

8. 다음 글의 ( ) 안에 들어갈 알맞은 단어는?

> ─────── <보기> ───────
>
> ___________란 인터넷상에서 음성이나 영상 애니메이션 등을 실시간
> 으로 재생하는 기법을 의미한다. 이전에는 일단 동영상 파일을 하드
> 디스크에 내려받은 후 재생하는 과정을 거쳤다.

① 스트리밍 기술   ② 상호작용 기술

③ 캡쳐 기술   ④ 오디오 기술

9. 다음은 원격교육에 사용하는 매체로 무엇에 대한 설명인가?

> ─────── <보기> ───────
>
> ㄱ. 유비쿼터스 시대에 시공간을 초월하여 언제 어디서나 학습이 가능
> 하다는 장점과 함께 개인별 맞춤교육을 실현하는 신개념 학습모델
> 로 각광받고 있다.
> ㄴ. 무선 인터넷이 가능한 곳에서 PDA, 타블릿 PC 등을 활용해 시·
> 공간적 제약을 받지 않고 맞춤형 학습 서비스를 제공받을 수 있는
> 차세대 온라인 학습

① e – learning   ② u – learning

③ t – learning   ④ m – learning

10. 다음 중 웹 기반 자기주도적 학습 환경 설계 시 고려사항에
해당하지 않는 것은?

① 문제 해결 중심의 학습 과제를 제시한다.

② 학습 과정보다는 학습 결과를 보고하도록 한다.

③ 전문가와의 의사소통을 촉진시키도록 한다.

④ 컴퓨터 기본 소양을 갖추도록 한다.

11. 멀티미디어의 대표적인 수업매체 중의 하나로서 하이퍼미디어
에 관한 설명으로 옳은 것은?

① 하이퍼텍스트 자료는 처음에서 시작하여 마지막에 이르기
까지 순차적이고 직선적인 방법으로 검색할 수 있다.

② 하이퍼미디어의 장점 중의 하나는 다양한 멀티미디어 베
이스에 순차적으로 접근할 수 있다는 점이다.

③ 프로그램 학습관리방식이 공급자에 의한 통제방식에 따라
진행된다.

④ 학습자 자신의 학습결정을 가능케 하는 컴퓨터 학습환경
을 특징으로 한다.

12. 구성주의 학습이론의 한 유형으로서 문제중심학습(PBL : problem
based learning)에 대한 설명으로 바르지 못한 것은?

① 문제중심 학습은 미술분야, 음악분야, 체육분야의 전문인
양성에 적합한 방법이다.

② 문제중심 학습에서는 학습자 개인이 환경에 부여하는 의
미와 해석을 중시한다.

③ 문제중심 학습에서 다루는 주요 문제들은 접근하는 방법
에 따라 해결안이 몇 가지로 나타날 수 있다.

④ 관련분야에 실재하는 복잡하고 비구조적인 문제를 풀어나간다.

13. 다음과 같은 특징을 지니는 수업방법은?

<보기>

· 학습 과제의 난이도와 자신의 능력을 정확하게 인지하거나, 적절하고 근접한 목표를 설정하거나, 자신의 인지적인 자아 관리 능력에 대한 자각을 불러 일으키거나, 동기적이고 행동적으로 학습과정에 적극 참여하도록 하거나 바람직한 성과를 얻도록 하는 것을 통해서 구축할 수 있다.

① 자기주도학습   ② 컴퓨터 활용수업
③ 문제중심학습법(PBL)   ④ 도제교수법

14. 다음 중 세 가지 측면의 상호작용 설계에 대해 틀리게 설명이 된 것은?
    ① 학습자와 교수체제와의 상호작용
    ② 학습자와 학습 내용간의 상호작용
    ③ 학습자와 학습자와의 상호작용
    ④ 학습자와 교수자와의 상호작용

15. 다음 중 자기조절 학습 전략의 구성요소에 해당하지 않는 것은?
    ① 초인지 전략   ② 인지 전략   ③ 동기 전략   ④ 학습 전략

16. 기브스와 더버드가 분석한 원격교육 교수자의 특성에 해당하지 않는 것은?
    ① 뛰어난 교과목 지식   ② 학생을 동기화시키고 격려시키는 능력
    ③ 훌륭한 교수능력   ④ 강좌의 구조화 능력

17. 다음은 무어의 원격교육 체제 모형의 일부이다. 비어 있는 곳
에 들어갈 요소는?

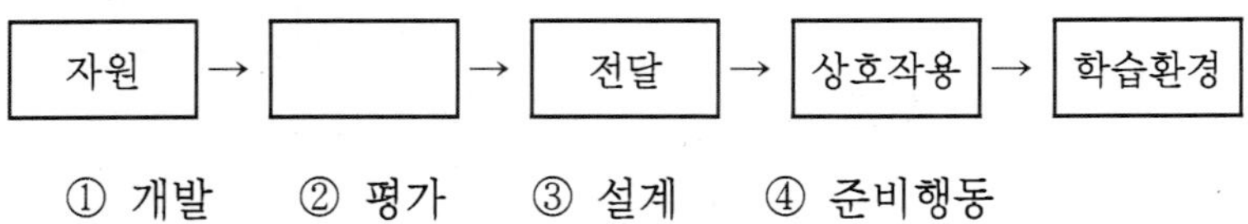

① 개발   ② 평가   ③ 설계   ④ 준비행동

18. 포춘과 케이스의 원격교육 프로그램 평가 범주에 해당하지 않
는 것은?

① 책무성   ② 효과성   ③ 영향력   ④ 제작비

19. 다음과 같은 특징을 지니는 학습 양식 유형은?

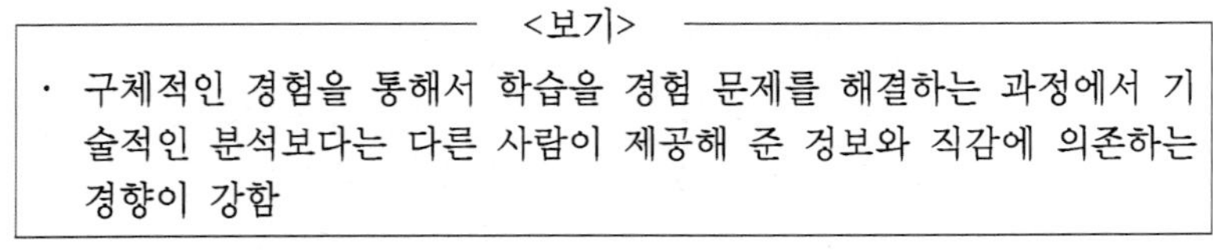

<보기>

· 구체적인 경험을 통해서 학습을 경험 문제를 해결하는 과정에서 기
술적인 분석보다는 다른 사람이 제공해 준 정보와 직감에 의존하는
경향이 강함

① 적응자   ② 분산자   ③ 수렴자   ④ 융합자

20. 원격교육의 특징을 바르게 설명한 것은?

① 일방향 커뮤니케이션만 이루어진다.

② 소수의 학생을 대상으로 한 개별학습을 실시할 수 있다.

③ 시간적, 공간적 제약을 극복하지 못했다.

④ 매체를 필수적으로 활용한다.

21. 정인성의 네트워크 기반의 교수체제개발 모형 중에 설계 단계
에 해당하지 않는 것은?
   ① 내용설계   ② 상호작용설계
   ③ 동기설계   ④ 학습자설계

22. 강화에 관한 설명으로 옳은 것은?
   ① 제2종의 벌은 강화자로 사용될 수 있다.
   ② 학습의 초기 단계에서 보다는 중간 단계에서 강화를 주는
      것이 효과적이다.
   ③ 행동의 누가빈도가 가장 강하게 나타나는 것은 변동간격 강화이다.
   ④ 어떤 자극을 제거하거나 감소하는 방법으로도 행동의 빈도
      를 높일 수 있다.

23. "TV에서 폭력 장면을 많이 본 학생은 폭력 행동을 자주 할
    것이다."라고 주장하는 학습이론의 이론적 토대는?
   ① 인지적 학습이론
   ② 구성주의 학습이론
   ③ 행동주의 학습이론
   ④ 정보처리 이론

24. CAI의 유형 중 시뮬레이션형을 수업에 적용했을 때 얻을 수 있는 효과로 볼 수 없는 것은?

① 시뮬레이션형은 학습자에게 자세한 안내와 정보, 연습과 피드백이 제공된다.

② 학습자를 학습과정에 능동적으로 참여시켜 현실적 감각을 부여하고 학습동기를 촉진시킨다.

③ 실제상황을 가속시키거나 시간을 지연시킴으로써 특수한 상황에 대한 통찰력과 이해를 높인다.

④ 안전하고 통제가 가능하며 반복사용이 가능하여 비용과 시간이 절약된다.

25. 학습자들의 역할을 수동적인 입장에서 정보제공이라는 능동적인 역할로 전환시키는 계기를 마련한 수업방법은?

① 협동학습의 방법　　　　② 문제해결 학습
③ 인터넷 적용 수업　　　　④ CAI와 CMI 활용 수업

26. 단기기억에 대한 설명으로 거리가 먼 것은?

① 감각수용기 안에 들어온 자극은 극히 일부의 정보만이 단기기억으로 옮겨진다.

② 단기기억에 들어온 정보는 평균적으로 약 20초 정도 머문다.

③ 단기기억의 지속시간은 매우 짧으나 용량은 무한대이다.

④ 정보를 재현하거나 조작하는 활동이 일어나는 기억을 특히 작업기억이라 한다.

27. 다음과 같은 특징을 지니고 있는 CBL의 유형은?

<보기>

· 다양한 형태의 학습정보를 제시할 수 있다.
· 학습자의 독자적 결정이 중시되는 상호작용성이 있다.
· 프로그램 학습관리방식이 아닌 학습자에 의한 통제방식이다.
· 학습자가 자신의 학습전략, 선수경험, 학습목적에 따라 학습을 결정
  해 주도록 하는 컴퓨터 학습환경이다.

① 인터넷　　　　　② 상호작용비디오 시스템
③ 가상교육　　　　④ 하이퍼미디어

28. 교수-학습을 위한 컴퓨터 활용방안 중의 하나로 '컴퓨터에
    관한 이해와 활동능력을 갖추게 하는 교육'과 가장 관련이 있
    는 것은?
① 컴퓨터를 이용한 수업(CAI)
② 컴퓨터 관리에 의한 수업(CMI)
③ 컴퓨터 기초훈련 프로그램(CBP)
④ 컴퓨터 리터러시(Computer literacy)

29. <보기>에서 수업매체로서 멀티미디어가 갖는 장점만을 골라
묶은 것은?

가. 학생들의 흥미를 끌어 학습에 몰입하게 한다.
나. 선형적인 학습자료의 제공함으로써 체계적인 학습활동이 이루어진다.
다. 다른 지역의 학습자들과 협동학습을 가능케 한다.
라. 사용자는 자신이 원하는 정보의 바다를 항해하면서 지식을 얻을 수
있어 학습의 개별화가 가능하다.
마. 멀티미디어 프로그램 학습은 학습시간을 단축해 준다.

① 가, 라   ② 나, 마   ③ 가, 다, 마   ④ 가, 다, 라, 마

30. 컴퓨터를 이용한 학습의 장점에 해당하지 않은 것은?

① 개별학습자에 대한 모든 형태의 정보를 저장하고 분류하
며, 또 빠른 시간 동안에 분석이 가능하여 개별적 처치를
용이하게 해준다.

② 연습문제를 풀 때, 오답에 대한 즉각적인 교정적 피드백이
나 정답에 대한 즉각적인 강화적 피드백은 학습효과와 동
기를 높여준다.

③ 수업목적에 맞는 좋은 소프트웨어의 구입이 용이하다.

④ 프로그램에 활용된 동화상, 그림, 음향효과 등은 학습자의
주의를 집중시키고 학습동기를 높인다.

31. 교수설계에 대한 구성주의(constructism)적 접근의 설명으로 가
장 적절한 것은 어느 것인가?
① 교수 설계의 기본 입장은 객관주의적 학습관이다.
② 교수 설계는 수업을 체계적으로 구조화하는 것이다.
③ 교수 설계는 맥락보다는 내용을 분석하고 제시하는 것이다.
④ 교수 설계는 학습이 일어날 수 있는 환경을 설계하는 것이다.

32. 구성주의 학습이론의 한 유형으로서 문제중심학습(PBL : problem
based learning)에 대한 설명으로 바르지 못한 것은?
① 문제중심 학습은 미술분야, 음악분야, 체육분야의 전문인
양성에 적합한 방법이다.
② 문제중심 학습에서는 학습자 개인이 환경에 부여하는 의
미와 해석을 중시한다.
③ 문제중심 학습에서 다루는 주요 문제들은 접근하는 방법
에 따라 해결안이 몇 가지로 나타날 수 있다.
④ 관련분야에 실재하는 복잡하고 비구조적인 문제를 풀어나간다.

33. 멀티미디어의 대표적인 수업매체 중의 하나로서 하이퍼미디어
에 관한 설명으로 옳은 것은?
① 하이퍼텍스트 자료는 처음에서 시작하여 마지막에 이르기
까지 순차적이고 직선적인 방법으로 검색할 수 있다.
② 하이퍼미디어의 장점 중의 하나는 다양한 멀티미디어 베
이스에 순차적으로 접근할 수 있다는 점이다.
③ 프로그램 학습관리방식이 공급자에 의한 통제방식에 따라

진행된다.

④ 학습자 자신의 학습결정을 가능케 하는 컴퓨터 학습환경
   을 특징으로 한다.

34. 컴퓨터 수업의 필요성에 대한 내용 중 틀린 것은?

① 학습자들은 자신에게 맞는 수준의 내용을 선택하여 접할
   수 있다.

② 컴퓨터는 학습자의 인지처리를 가능하게 하고, 촉진한다는
   점에서 사고의 도구라고 할 수 있다.

③ 컴퓨터는 다른 매체에 비해 학습자의 반응을 유도하는 데
   한계점을 가지고 있다.

④ 컴퓨터는 어떤 매체에 비해서도 가장 폭넓은 정보표현 방
   법을 제공한다.

35. 다음 중 웹 기반 자기주도적 학습 환경 설계 시 고려사항에
   해당하지 않는 것은?

① 문제 해결 중심의 학습 과제를 제시한다.

② 학습 과정보다는 학습 결과를 보고하도록 한다.

③ 전문가와의 의사소통을 촉진시키도록 한다.

④ 컴퓨터 기본 소양을 갖추도록 한다.

·저자·

백현기

·약 력·

우석대학교 컴퓨터공학과 졸업
우석대학교 교육대학원 컴퓨터교육 석사
전북대학교 대학원 교육학 박사
(현) 전주교육대학교 컴퓨터교육학과 겸임교수
(현) 서울벤처정보대학원대학교 논문지도교수
(현) 서울중등영재교사 학회 자문위원

·주요논저·

『공부의 절대시기 자기주도학습법』
「구조방정식 모델을 이용한 디지털교과서의 학습동기 및 학업성과 영향요인
 에 관한 연구」
「구조방정식을 이용한 국어 사이버가정학습의 효과 관련 요인에 관한 연구」
「시각장애인용 웹사이트 자동생성 툴 개발」
「온톨로지 기반 중학교 기술·가정교과 영양소의 질의응답 시스템 설계 및 구현」
「청소년인터넷 중독 진단을 위한 전문가 시스템 개발」
「문항반응 이론에 의한 컴퓨터 적응적 평가와 동적 학습내용 구성에 기반한
 적응적 교수 시스템」
「자기조절학습을 이용한 웹 기반 학습 시스템의 설계 및 구현」
「상담 분석 정보를 지원하는 XML기반 사이버 상담 시스템의 설계 및 구현」
「수준별 평가를 지원하는 XML 기반 문제은행 시스템의 설계 및 구현」

ARCS를 적용한 e-Learning 교육시스템

• 초판 인쇄	2008년 6월 10일
• 초판 발행	2008년 6월 10일
• 지 은 이	백현기
• 펴 낸 이	채종준
• 펴 낸 곳	한국학술정보㈜
	경기도 파주시 교하읍 문발리 513-5
	파주출판문화정보산업단지
	전화 031) 908-3181(대표) · 팩스 031) 908-3189
	홈페이지 http://www.kstudy.com
	e-mail(출판사업부) publish@kstudy.com
• 등 록	제일산-115호(2000. 6. 19)
• 가 격	23,000원

ISBN   978-89-534-9209-7 93370 (Paper Book)
        978-89-534-9210-3 98370 (e-Book)